KB270507

화점 포석

2. 양화점에서 소목 대응·AI시대 삼연성

화점 포석 2. 양화점에서 소목 대응·AI시대 삼연성

초판 1쇄 발행	2025년 9월 15일
지은이	이하림
발행인	조상현
마케팅	조정빈
발행처	더디퍼런스

등록번호	제2018-000177호
주소	경기도 고양시 덕양구 큰골길 33-170
문의	02-712-7927
팩스	02-6974-1237
이메일	thedibooks@naver.com
홈페이지	www.thedifference.co.kr

독자여러분의 소중한 원고를 기다리고 있습니다. 많은 투고 부탁드립니다.

ISBN 979-11-6125-557-6 13690

화점 포석

— 2. 양화점에서 소목 대응·AI시대 삼연성 —

이하림 지음

더 디퍼런스

•

들어가는 말

•

"바둑의 신이 있다면 인간의 최고수와 몇 점이면 적당할까?" 오래 전부터 이런 궁금증이 있었습니다. 그동안 인간은 두점 접바둑이면 이긴다고 자신감에 넘치기도 했지만 막상 신급 존재인 인공지능(AI)이 등장하자 넉점에도 목숨을 걸기 어려운 시대가 되었습니다. AI등장 초기에는 그래도 해볼만하다는 생각이 있었는데 AI가 진화에 진화를 거듭하면서 지금은 바둑의 적수가 아닌 스승으로 받아들이기에 이르렀습니다.

AI시대에는 생각지도 못했던 기술이 창궐합니다. AI가 보여주는 바둑의 세계는 정말 신비롭지요. 상식을 벗어난 수가 신기하게도 힘을 발휘하는 등 상황에 따라 변신하는 둔갑술의 천재입니다. 인간은 보이는 힘만 믿지만 AI는 보이지 않는 힘으로 세밀하게 분석하고 종합적 판단을 내립니다.

특히 바둑의 초반은 감성과 감각이 지배하는 시공간이며 단순 인공지능의 계산으로는 인간지능을 넘을 수 없는 금기의 영역이었는데, 더욱 강력해진 인공지능은 이런 고정관념을 보기 좋게 깨뜨리며 인간의 감성을 압도했습니다. 미지의 세계인 초반에도 신출귀몰한 AI는 거침없이 계산을 하며 이에 따라 정석과 포석에서도 혁명이 일어났습니다.

그동안 인공지능이 차가운 이성으로 인간 바둑의 세계를 파헤쳐왔다면 이제는 인공지능 바둑의 심오한 세계를 인간의 따뜻한 감성으로 분석할 차례입니다. 이 책의 기획 배경은 이처럼 달라진 바둑 수법을 AI의 새로운 시각으로 보여주려는 데 있습니다.

정석 분야에서는 주로 사용하는 화점과 소목이 대상인데, 화점 정석은 핸드북 네 권, 소목 정석은 두 권의 시리즈로 완결했습니다.

이번에는 포석 분야로 실전에서 정석이 적용되며 전체 국면의 골격에 해당합니다. 우선 화점 포석이 과제인데, 그중에서 '화점 포석 1'은 양화점에 대해, '화점 포석 2'는 양화점에 대응하는 소목과 삼연성에 대해 다룹니다.

본문은 유형별로 이어지며, 보충 학습을 위해 필요에 따라 유형 말미에 '원포인트 레슨'을 넣었습니다. 전반적으로 낮은 단계에서 높은 단계까지 두루 독자의 수준에 맞춰 AI시대를 관통하는 포석의 길잡이로 삼을 수 있도록 체계적이고 실전적이며 흥미롭게 꾸미고자 노력했습니다.

바둑의 신을 상상했던 세계가 현실이 되었습니다. 우리가 AI로부터 배울 점은 종합적 관점에 의한 대세적 안목과 열린 사고에 의한 창의적 발상입니다. 이 책에는 AI로부터 전수받은 다양한 포석과 변화들이 등장하지만 사실 AI는 포석이란 무엇인지도 모릅니다. 어차피 AI는 말이 없습니다. 오직 계산하고 판에다 실천할 뿐입니다. 포석도 인간의 언어인 만큼 어떻게 활용할지는 전국을 바라보는 여러분의 안목에 달렸겠지요.

더불어 AI시대에 바둑을 즐기면서 실력을 늘리는 비결은 모양에 구애받지 않는 자유자재한 인공지능의 냉정한 계산에 모양을 중시하는 인간의 예술적 열정으로 생명을 불어넣는 조화로운 공존 아닐까요.

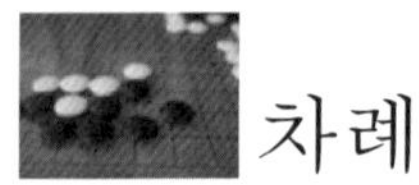

차 례

2부 ☞ AI시대 삼연성 포석

9형 한칸협공에서 올라서는 변화

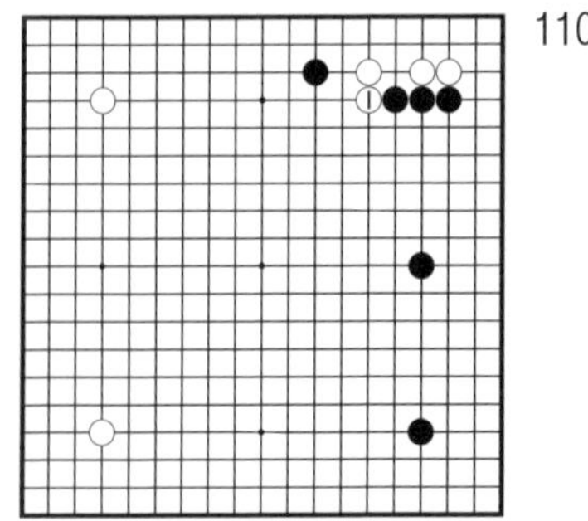

110

10형 한칸협공에 낮은 양걸침

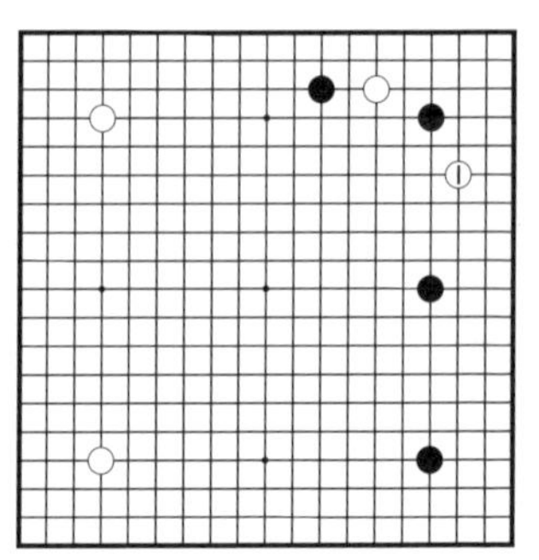

120

11형 한칸협공에 높은 양걸침

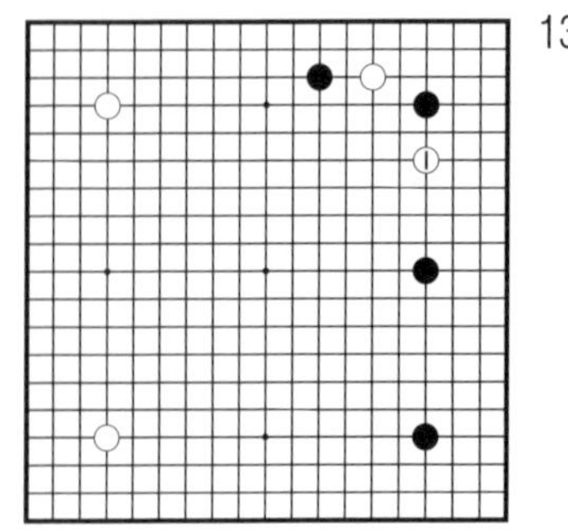

130

12형 위로 붙이는 변화

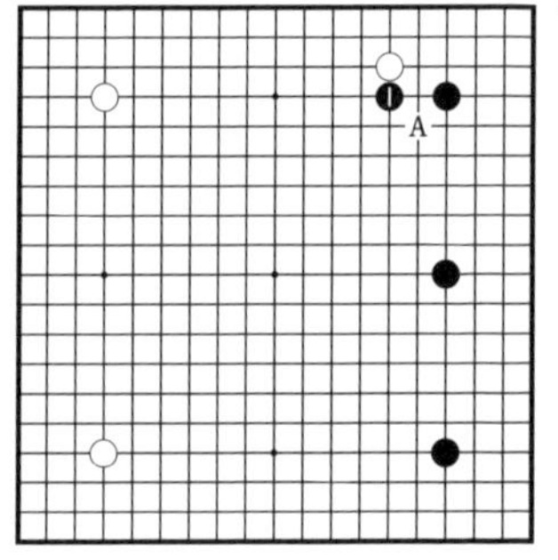

142

1부

양화점에서
소목 대응 포석

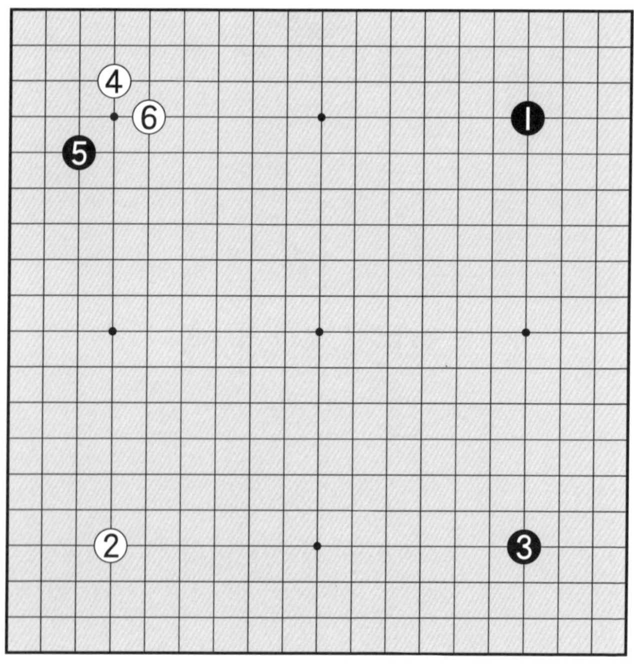

　　흑1, 3의 양화점에서 백은 한쪽이 4의 소목으로 포진했다. 흑은 소목에 걸침이 우선인데 5의 날일자걸침이면 백6의 마늘모가 대표적 수비이다.

　　이 배치에서 화점과 연동하면서 AI시대 기본적인 포석 변화에 대해 알아본다.

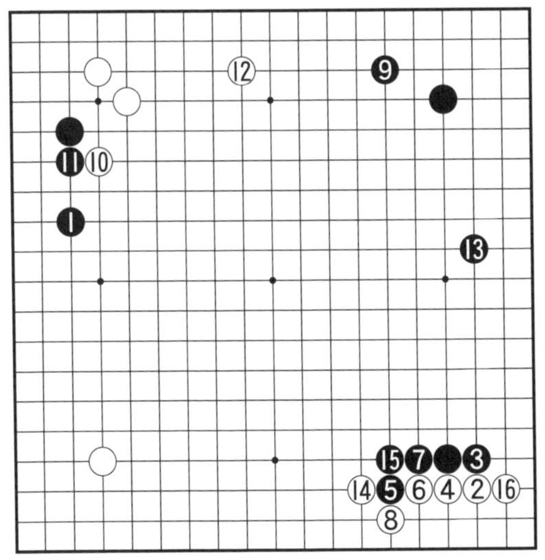

1도(무난한 포석)

흑1의 두칸벌림은 가장 안정된 지킴이다. 백은 2의 3三침입이 우선이며 이하 16까지 서로 큰 자리를 쟁취하면 무난한 포석 변화이다.

수순 중 백10, 12는 AI 특유의 효율적 행마법이며 14, 16도 귀의 견실한 확장 수법이다.

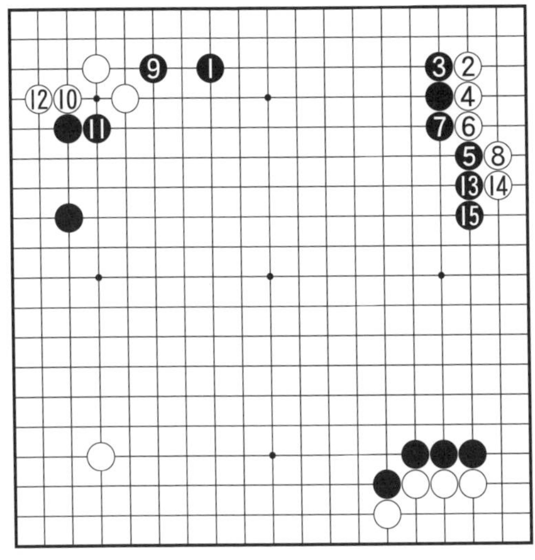

2도(능동적 명당)

앞 그림 백8 때 흑이 능동적으로 두자면 상변 흑1의 다가섬이 AI가 알려주는 명당이다.

백2의 침입을 허용해도 이하 8 때 흑9로 압박하고 백10, 12로 지킬 때 흑13, 15로 늘면 흑 진영이 입체화된다.

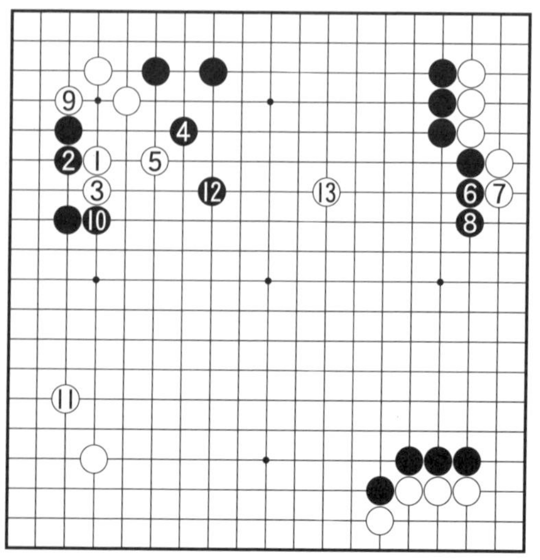

3도(변의 공방)

앞 그림 흑9 때 백1, 3 으로 압박하면 흑4가 요처이고 백5로 지킬 때 흑6, 8로 전환한다.

이하 12까지 AI의 유력한 변화인데 변의 공방이 볼만하다. 흑이 상변을 넓히는 흐름인데, AI는 백의 다음수로 13의 삭감을 추천한다.

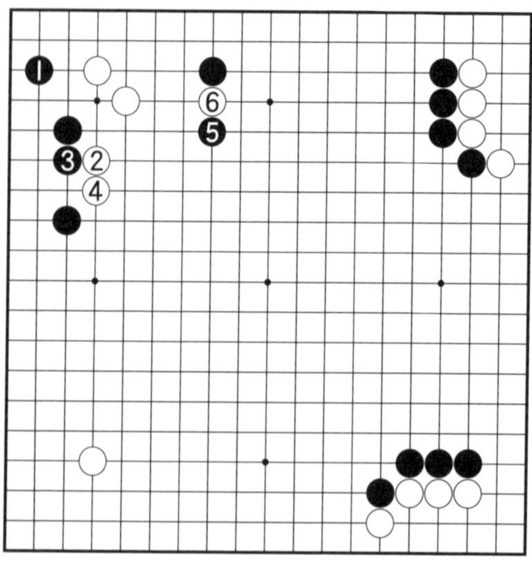

4도(묘수 끼움)

2도 백8 때 흑1로 근거부터 빼앗으면 우선 백2, 4로 압박한다. 흑5의 뜀이 대세점인데 이때 백6의 끼움이 AI가 알려주는 묘수이다.

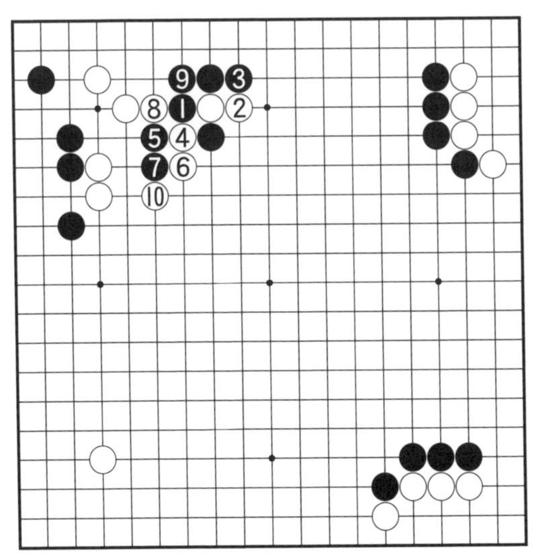

5도(흑, 무모한 차단)

이다음 흑1로 차단하는 것은 무모하다. 백2로 나간 후 10까지 필연인데, 우선 백은 중앙 두 점을 잡아 편하다.

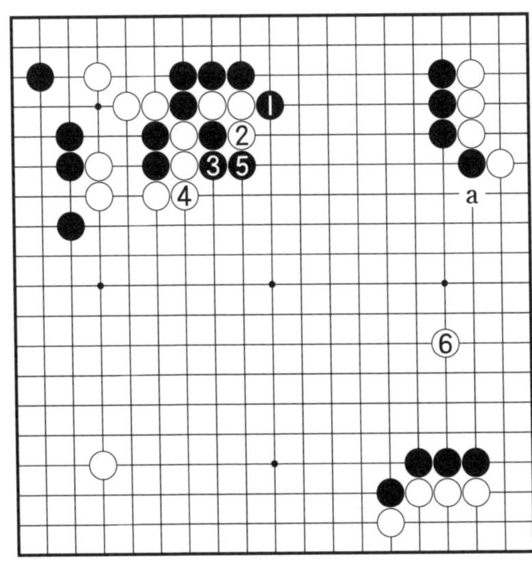

6도(백, 유리)

계속해서 흑1의 두점 단수에 백2로 나가 5까지 키워 죽인 후 6으로 축머리를 활용하면서 우하 흑을 추궁하면 백이 유리한 흐름이다.

또는 흑5 다음 백a로 견실하게 보강해서 실리로 대응하기만 해도 백이 앞선다.

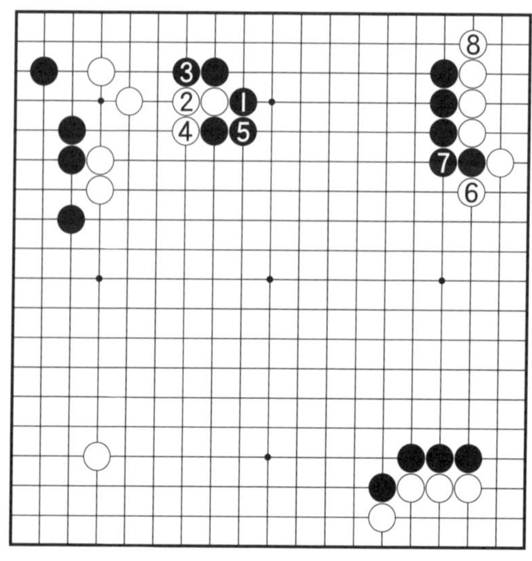

7도(백, 견실)

4도 다음 흑1로 물러서
야 하며 8까지 무난하게
변화해도 백이 견실해서
약간 편한 흐름이다.

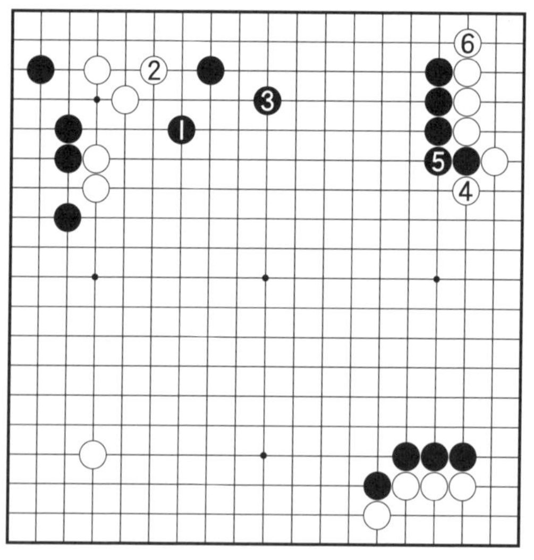

8도(탄력적 호구 지킴)

4도 백4 때 흑1의 날일
자 공격도 일책인데 백2
의 호구 지킴이 발은 늦
지만 견실하면서 탄력적
이다.

흑3에 지키는 정도인
데 백4, 6으로 견실하게
두기만 해도 백이 불리
하지 않은 흐름이다.

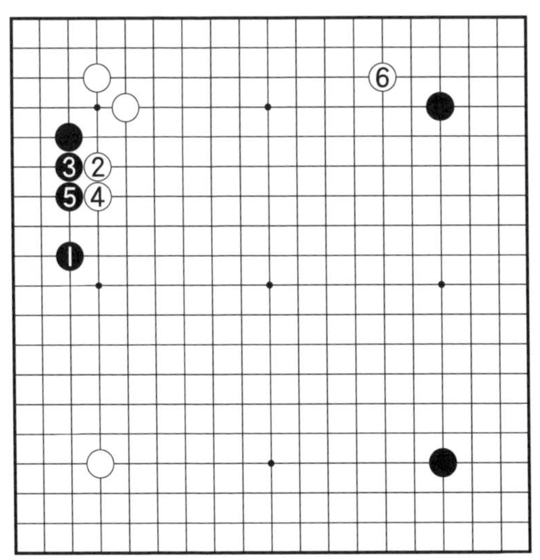

9도(취향의 단계)

처음으로 돌아가서, 흑1의 세칸벌림도 많이 두는 지킴인데 AI의 관점에서는 약간 엷다고 본다. 백2, 4로 눌러간 후 6으로 걸치기만 해도 백이 국면을 주도한다는 판단인데 그렇더라도 아직은 취향의 단계이다.

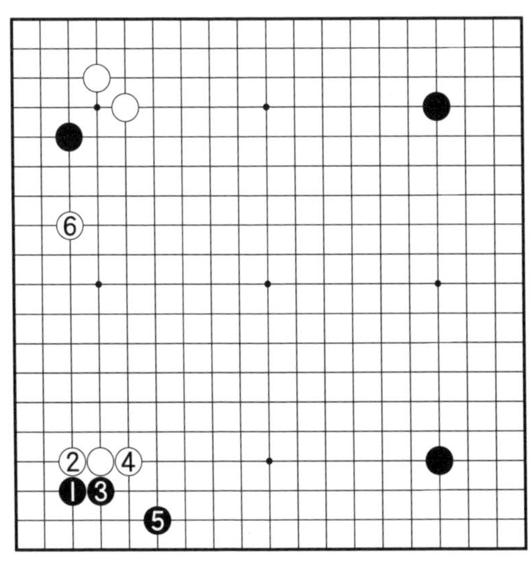

10도(손빼고 3三침입)

흑이 실리를 선점하려면 소목에 걸쳐놓기만 하고 1의 3三침입도 하나의 방안이다.

반면에 5까지 되고나서 백6으로 협공하면 국면은 백이 주도한다.

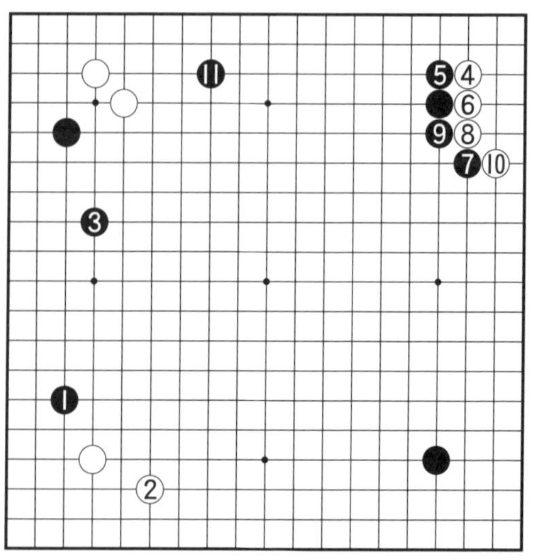

11도(흑, 좌변 경영)

흑이 좌변을 경영한다면 1로 걸쳐놓고 3으로 높게 벌리는 것이 효율적이다. 다음 백이 국면을 전환하는 경우 이하 11까지는 AI가 보여주는 무난한 포석 변화이다.

참고로 AI는 어떤 경우에도 11의 다가섬을 요처로 판단한다.

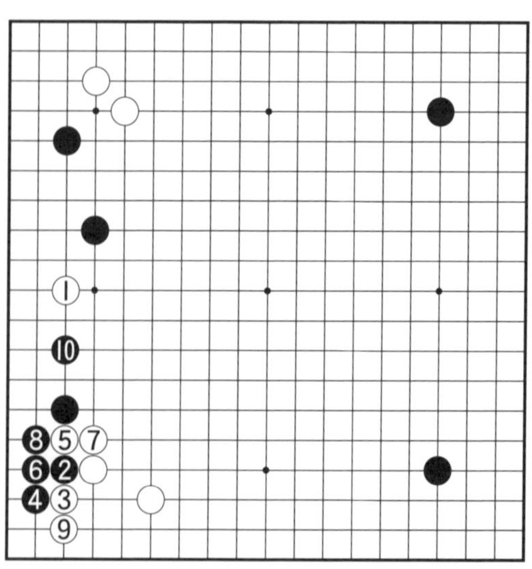

12도(백, 좌변 침입)

앞 그림 흑3 때 좌변 백1로 즉각 침입하면 흑2, 4로 귀에 파고들 타이밍이다.

이하 9까지 백이 귀를 방어하면 흑은 자연스럽게 10으로 변의 공격에 나선다.

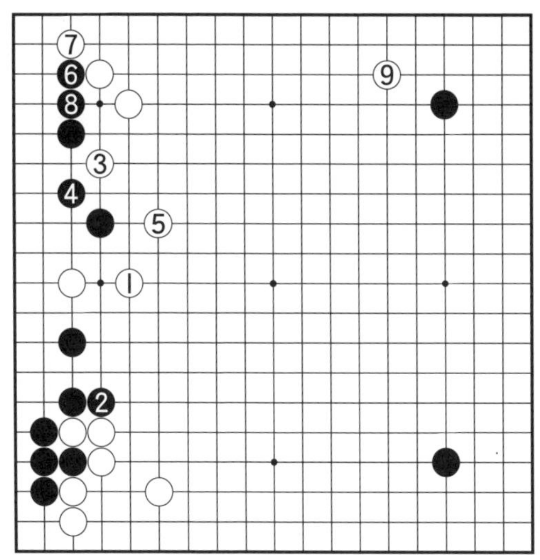

13도(한칸뜀 이후)

이다음 백1의 한칸으로 나가면 일단 흑2가 요소이다. 백3으로 압박하면 흑4로 유연하게 받고나서 백5에 흑6, 8로 안정하는 것이 AI의 알기 쉬운 대응법이다.

백도 9로 걸쳐 상변을 넓히지만 흑이 약간 편한 흐름으로 본다.

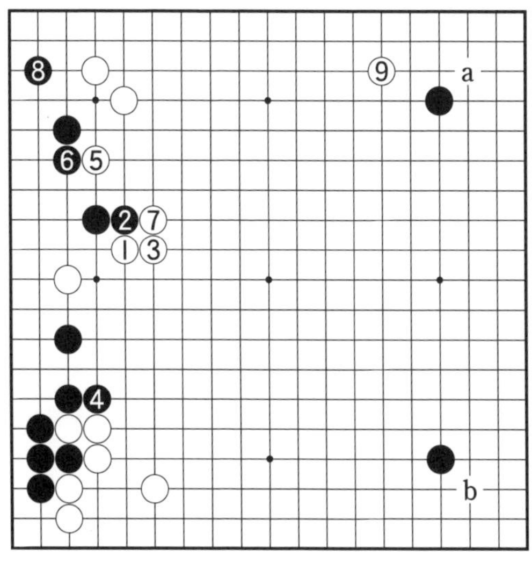

14도(날일자 진출 이후)

12도 다음 백1의 날일자로 나가는 것이 약간 능동적이며, 이때 흑이 끊으면 되려 위험하다.

흑2로 밀고 4의 요소를 차지하는 것이 효과적 수순이며 이하 9(또는 a나 b의 침입)까지 AI의 유력한 변화이다.

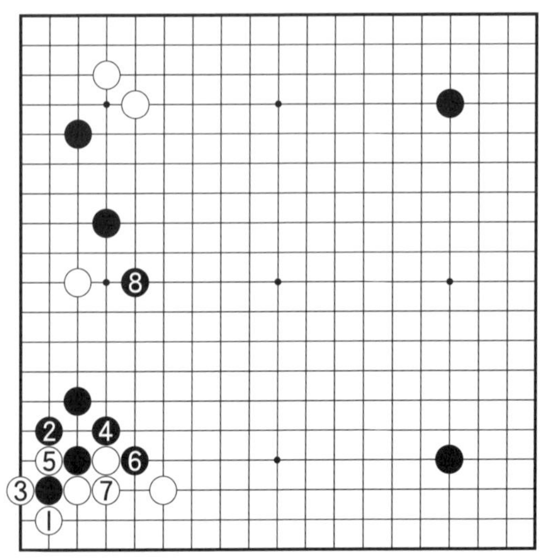

15도(활용하고 씌움)

12도 흑4 때 백1의 이 단젖힘도 부분적으로 많이 두는데, 이 구도에서는 흑이 2로 호구치고 6까지 활용한 후 8로 씌우면 충분한 싸움이다.

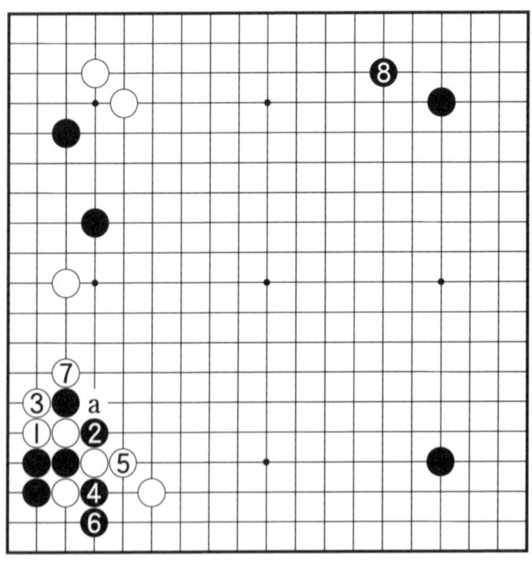

16도(중앙 싸움 유도)

12도 흑6 때 백이 중앙 주도권을 원한다면 1로 뚫고 이하 7까지 변화해서 싸움을 유도한다.

냉정한 AI의 관점에서 흑이 a로 잇고 싸워도 되지만 귀를 차지한 만큼 8의 굳힘으로 전환해도 무난하다고 본다.

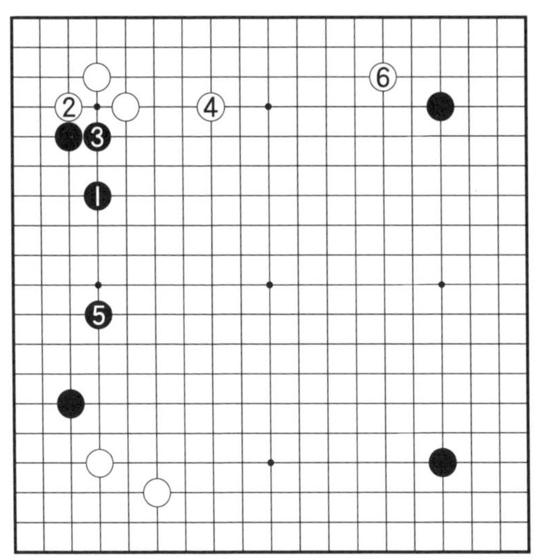

17도(견실한 수비법)

거슬러 올라가 11도 백 2 때 흑1의 날일자도 견실한 수비인데 이때 백이 귀를 지킨다면 2, 4가 하나의 틀이다.

다음 흑5와 백6으로 서로 진영을 넓히면 대등한 형세이다.

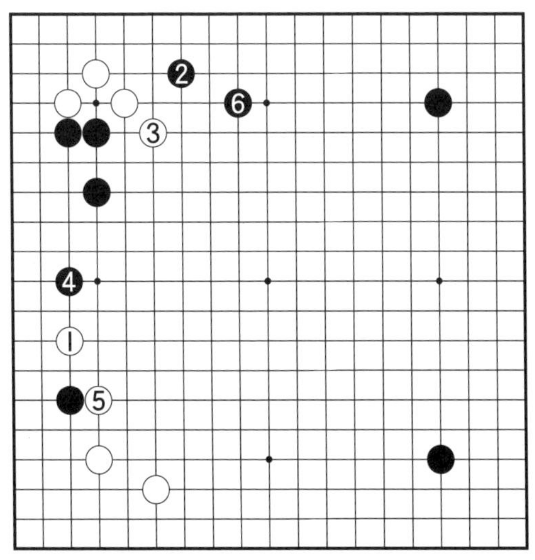

18도(귀를 압박하는 요처)

앞 그림 흑3 때 백1의 협공으로 전환하면 주도적이긴 해도 흑2가 귀를 압박하는 요처이다.

이하 6까지는 AI의 무난한 변화인데 흑이 약간 활발하다고 본다.

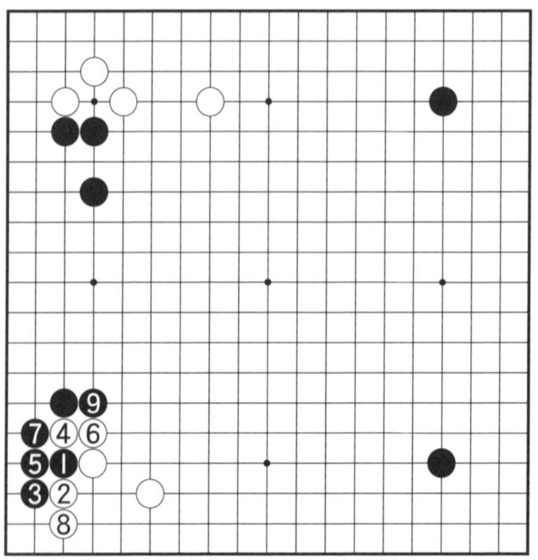

19도(실전적 방안)

17도 백4 때 흑1, 3으로 귀부터 파고드는 것이 실전적 방안인데 이하 9까지 보편적인 정석 수순을 밟으면 서로 무난한 국면이다.

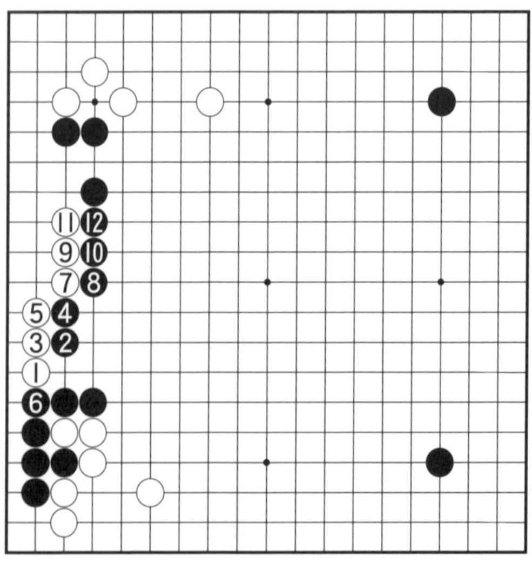

20도(중앙 두터움)

이 구도에서 백1로 들여다보면 흑은 잇지 말고 2의 씌움이 효율적이다.

백3에는 흑4로 늘고 이하 12까지 살려주더라도 중앙이 두터운 흑이 충분한 국면이다.

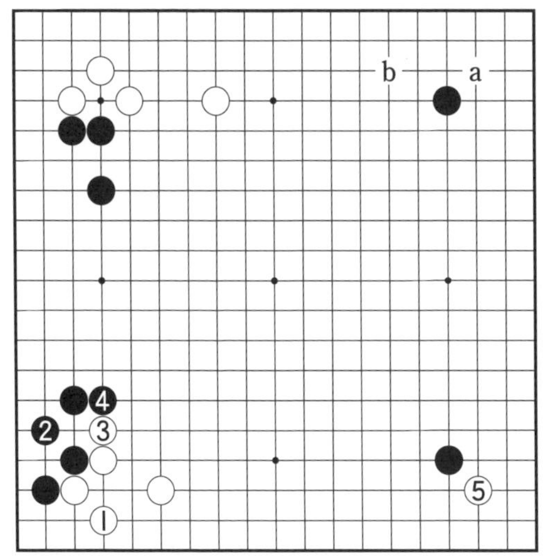

21도(탄력적 호구)

19도 흑3 때 백1로 호구치고 4까지의 변화도 유력하다.

이처럼 백이 귀에 탄력을 만들어놓고 5(또는 a나 b)로 전환하면 AI의 관점에서 대등한 형세라고 본다.

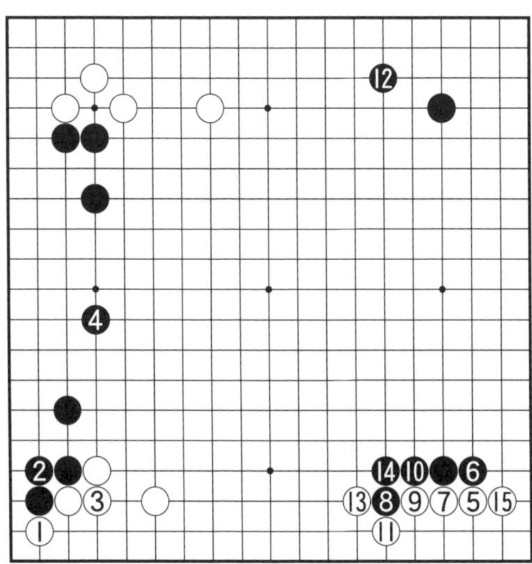

22도(이단젖힘 이후)

백1의 이단젖힘도 귀를 확실히 지키는 방법이다. 그러면 흑은 2, 4로 벌리는 것이 좌변 운영에 걸맞다.

다음 백이 5로 침입한 후 15까지 진행되면 어울린 형세이다.

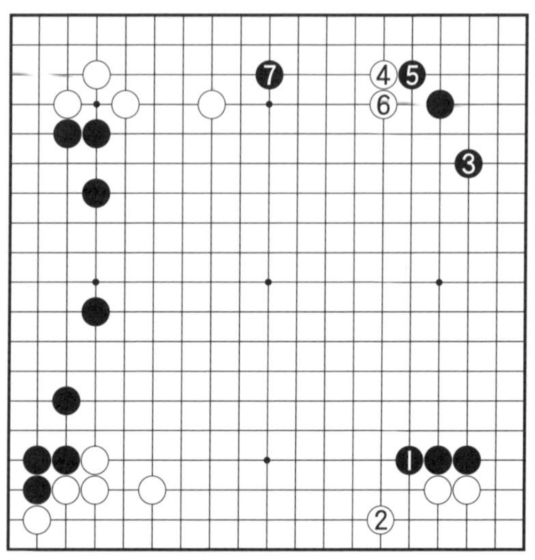

23도(우변 중시의 변화)

앞 그림 백7 때 흑이 간명하게 1로 늘고 3의 굳힘은 우변을 중시하는 변화이다. 백4로 걸치면 흑5, 7로 상변 전투가 초점이 된다.

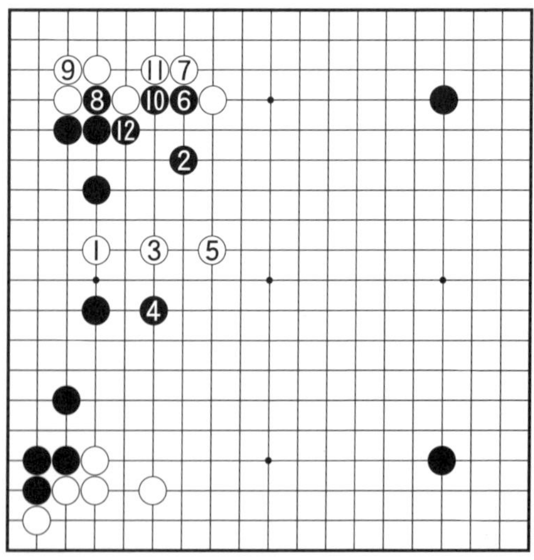

24도(백, 성급한 침입)

22도 흑4 때 백1로 뛰어드는 것은 성급하다.

흑2, 4로 점잖게 추격하며 12까지 단단히 보강해놓기만 해도 흑이 주도하는 형세이다.

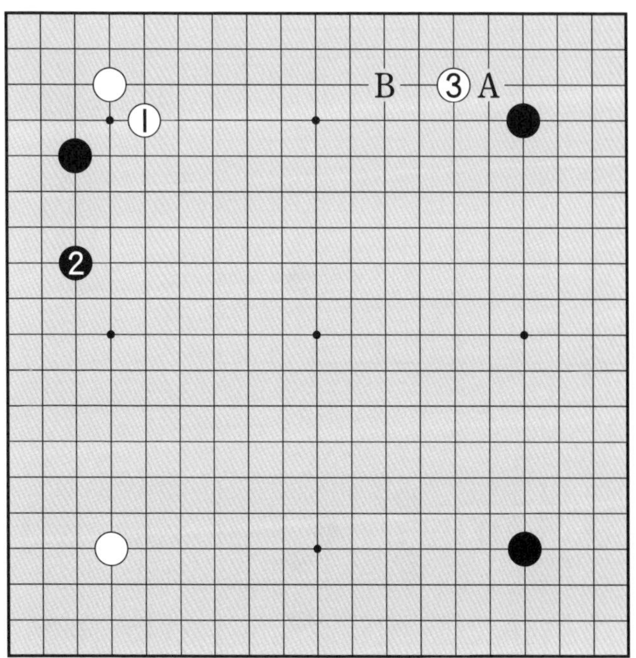

소목에서 백1의 마늘모 수비와 흑2의 두칸벌림은 모양을 갖추는 기본적 틀이다. 여기서 백이 상변 발전에 뜻을 두면 3의 걸침을 생각할 수 있다.

흑도 주도적이라면 A의 붙임이나 B의 협공이 유력한데, 이들 수법을 중심으로 AI의 특급 발상이 반영된 포석 변화에 대해 알아본다.

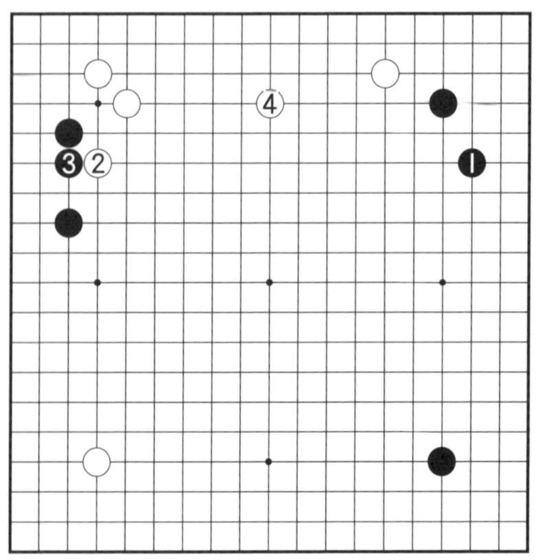

1도(무난한 모양 구축)

기본형 다음 흑1로 받고 백2, 4로 상변에 모양을 갖추면 서로 무난하다.

이런 경우 AI는 특히 백2의 활용을 아낌없이 두라고 한다.

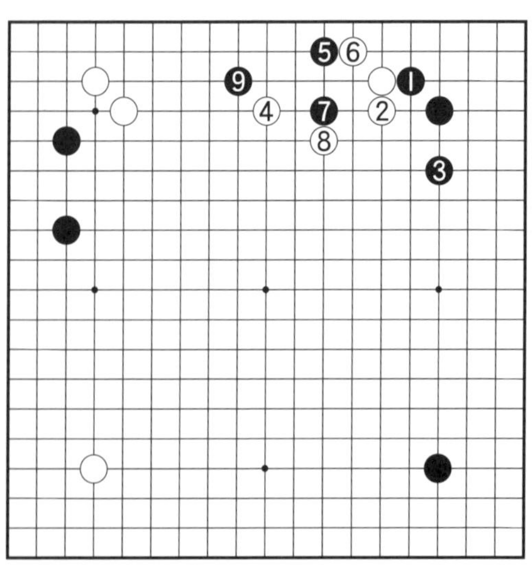

2도(특급 침투 기술)

기본형 다음 흑도 주도적이라면 우선 흑1, 3의 받음을 생각할 수 있다.

백4의 벌림에 흑5의 2선 행마는 이 경우의 특급 침투 기술이다. 백6에 차단하면 흑7, 9로 변에 잠입하려는 의도가 통한다.

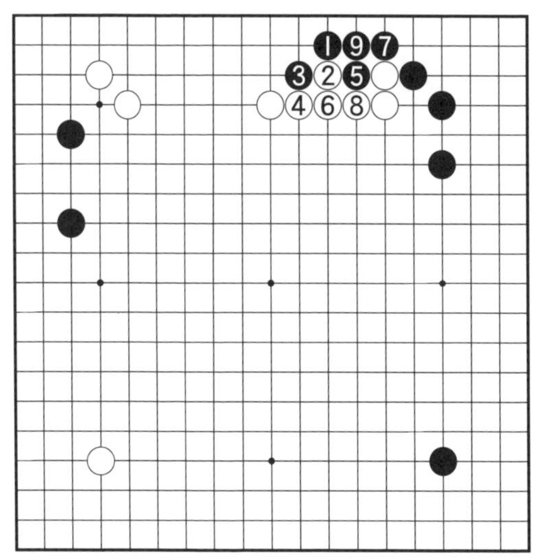

3도(흑, 실리로 앞섬)

흑1의 침입 때 백2의 붙임은 위에서 눌러놓겠다는 뜻인데, 흑이 3의 젖힘을 발판으로 9까지 귀에 순조롭게 넘어가면 실리로 앞선다.

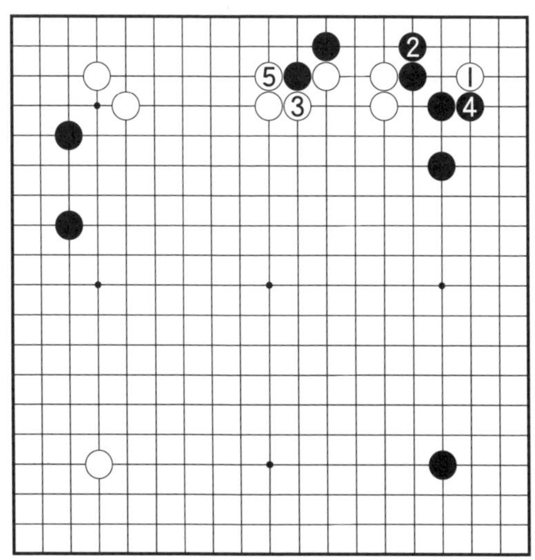

4도(시의적절한 침입)

앞 그림 흑3 때 백1로 귀의 침입이 시의적절하다. 이때 흑2로 차단하고 백3에 흑4로 귀를 방어하면 백도 5로 상변을 두텁게 정리해서 불만 없다.

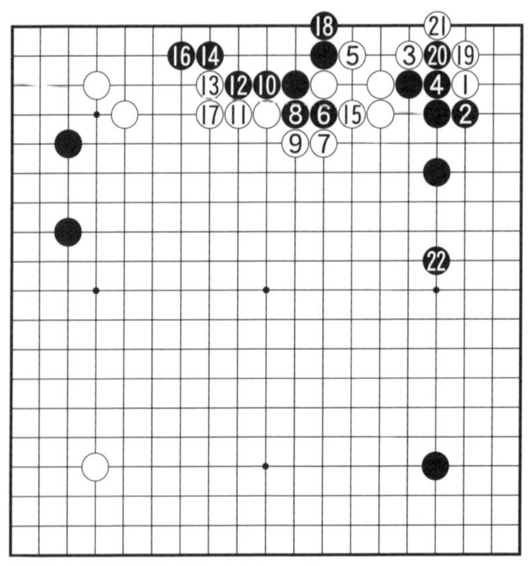

5도(귀를 허용한 대가)

백1로 귀의 침입에는 흑 도 2로 막고 백3에 흑4 로 물러서는 것이 유효 하다. 이하 22까지는 AI 의 유력한 변화.

흑이 귀는 허용했지 만 상변 백진에서 삶을 확보한 대가가 충분하여 흑도 불만 없다.

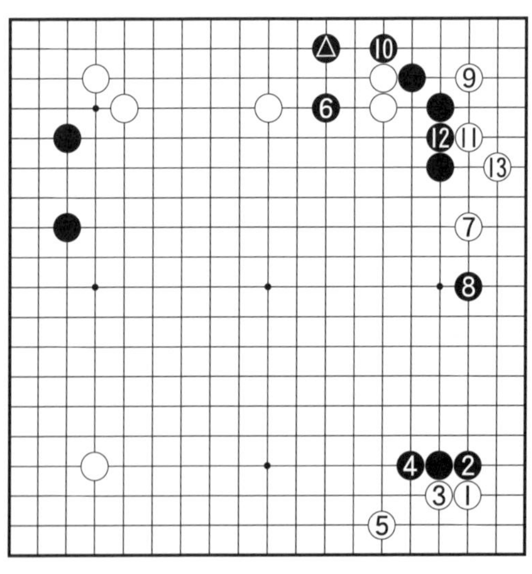

6도(백, 손빼기 작전)

손빼기에 능한 AI는 애 초 흑△의 침입에 백1로 전환하는 것이 현명하다 고 본다. 이하 5까지 되 고나서 흑6으로 가르면 백7로 우변에 다가서고 이하 13까지 귀를 공략 한다. 이 진행이면 일단 실리에서 앞선 백이 불 만 없다.

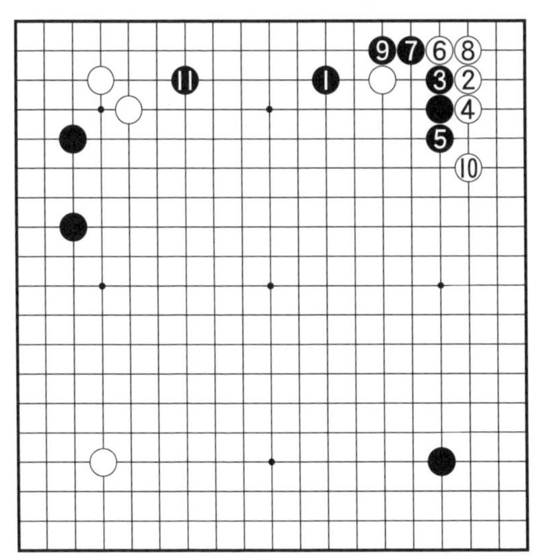

7도(흑, 능동적 협공)

처음으로 돌아가서 흑1
의 협공이 가장 능동적
이다.

백2로 침입해서 이하
11까지 되면 흑이 상변
을 주도하는 흐름이다.

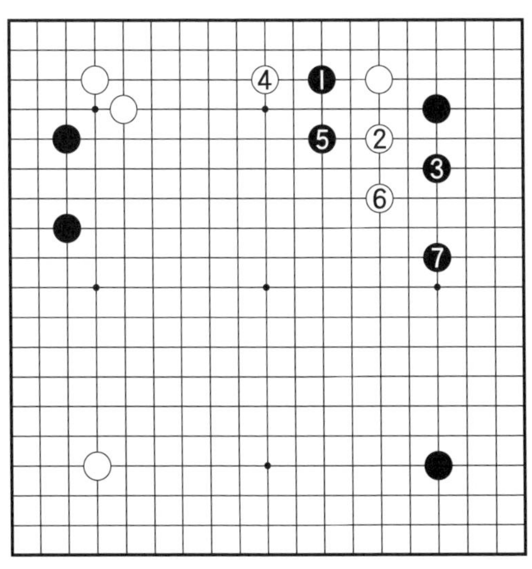

8도(나간 후 되협공)

흑1에 백2로 뛰어나간
다음 4의 되협공도 일책
이지만 흑도 5, 7로 우
변을 키우며 싸우면 충
분하다.

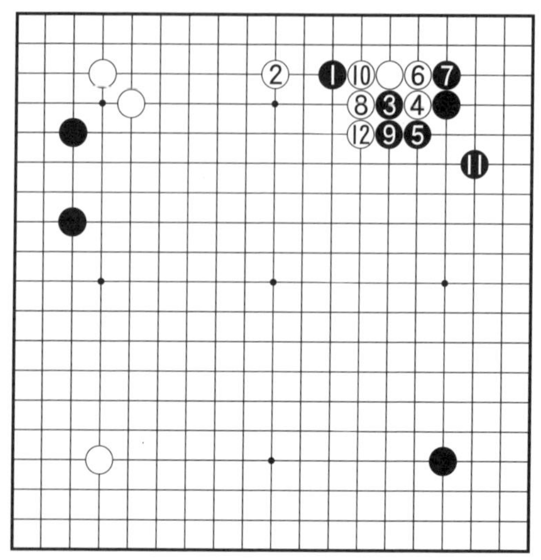

9도(그냥 되협공)

흑1 협공에 백이 나가지 않고 그냥 2의 되협공이 실전에 많이 사용하는 묘책이다. 흑3에 막으면 백은 축이 유리하므로 4의 끼움으로 임한다.

이때 흑이 5, 7로 귀를 방어하면 12까지 상변을 압도한 백도 불만 없다.

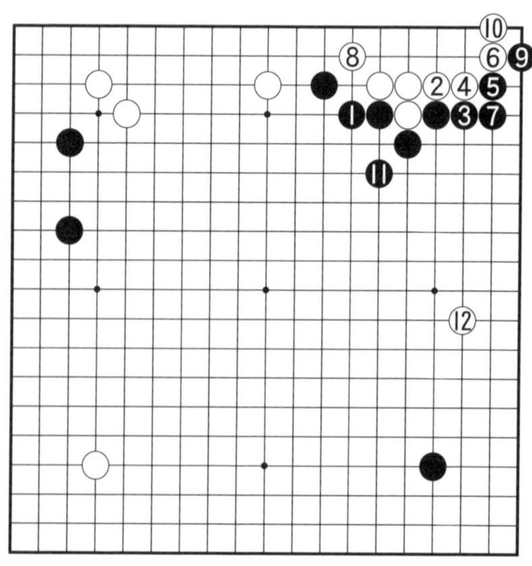

10도(흑, 제자리걸음)

앞 그림 백6 때 흑1의 연결이 보통이며 이하 10까지 백이 사는 과정인데, 이럴 때 흑은 바깥을 어떻게 지켜야 할까. 흑11의 지킴은 두텁지만 제자리걸음이라 백이 12로 갈라치기만 해도 충분한 형세이다.

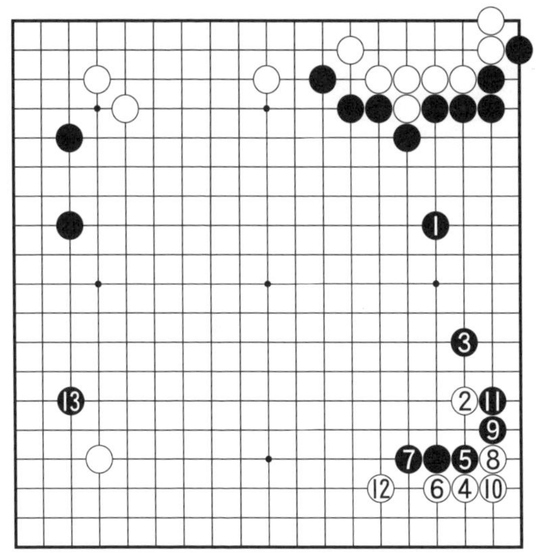

11도(흑, 효율적 지킴)

흑1로 변에 벌리면서 지키는 것이 효율적이다.

백이 우변에 둔다면 2로 걸치는 정도인데 흑3에 협공한 후 13까지 되면 흑이 약간 활발한 형세이다.

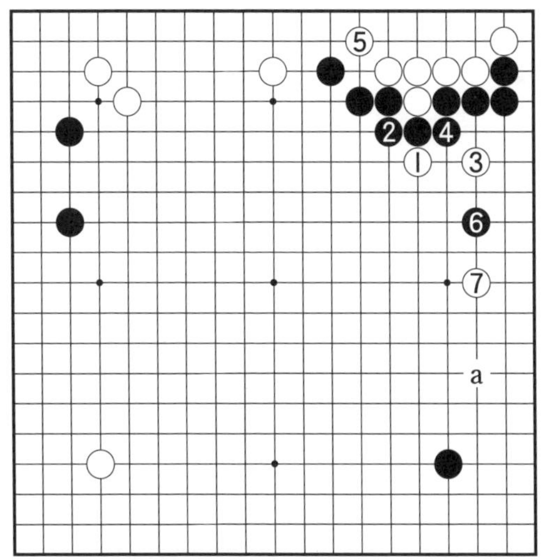

12도(우변 운영에 제약)

10도 흑7 때 백1, 3의 선제 활용이 묘미가 있다. 흑이 4까지 이을 때 백5로 살아두면 활용 탓에 흑이 우변 운영에 제약을 받는다.

일례로 흑6에 다가서면 백도 7로 a의 벌림을 보며 효율적으로 대응할 수 있다.

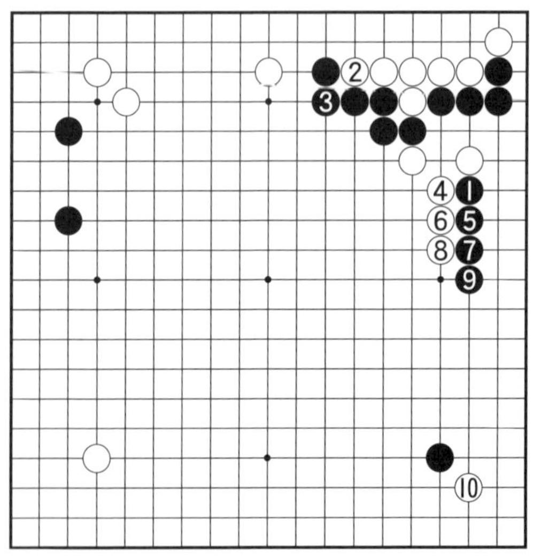

13도(흑, 능동적 붙임)

앞 그림 백3 때 흑도 능률적으로 둔다면 1의 붙임이 일책이다.

백2의 헤딩은 선수로 살기 위함이며 흑3에 이을 때 백4 이하 8까지 처리한 후 10으로 전환하면 AI 안목에서 형세가 어울렸다.

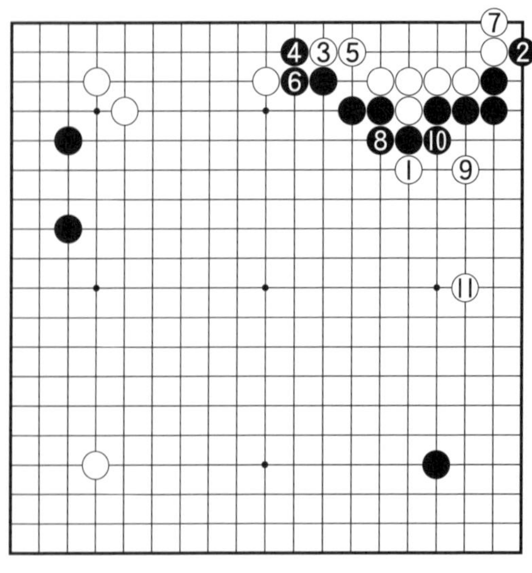

14도(백, 활발)

백1로 활용할 때 흑2로 귀부터 젖히면 백3의 붙임이 효율적인데 7까지 살고 나서 이제 흑이 방어할 차례이다.

이때 흑8, 10으로 모두 잇는 것은 중복이며 백11로 벌리는 정도로 백이 활발한 형세이다.

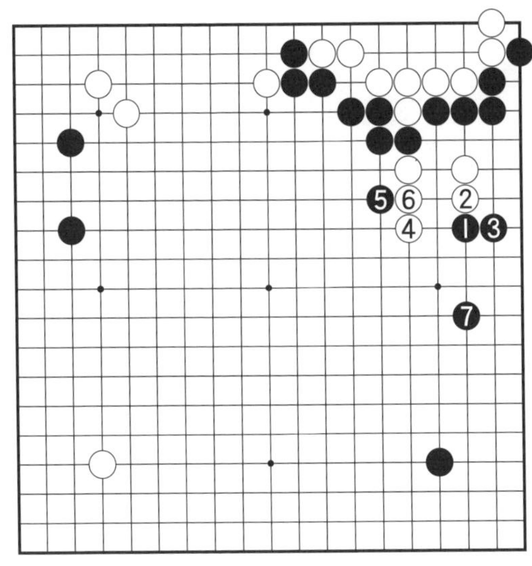

15도(어려운 싸움)

앞 그림 백9 때라도 흑1
로 변에 다가서는 것이
능률적이다.

이하 7까지 흑이 잇
지 않고 버티면 서로 어
려운 싸움이다.

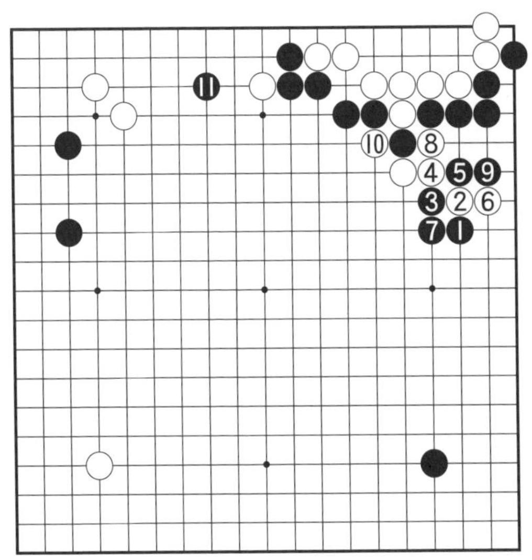

16도(흑의 묘책)

14도 백7 때 흑은 처음
부터 잇지 않고 1의 벌
림도 묘책이다.

백2로 도발하면 흑3,
5로 단수치고 7로 침착
하게 잇는다. 백8, 10으
로 한점을 따내며 관통
해도 우변 두점을 잡고
상변도 11로 제어한 흑
이 약간 활발하다.

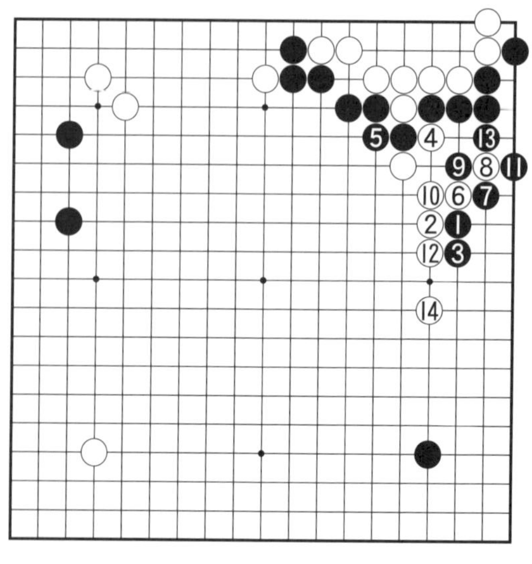

17도(유연한 중앙 붙임)

흑1 벌림에 백2의 중앙 붙임은 AI의 유연한 대응법이다.

이하 14까지 유력한 변화이며 서로 어울린 형세로 본다.

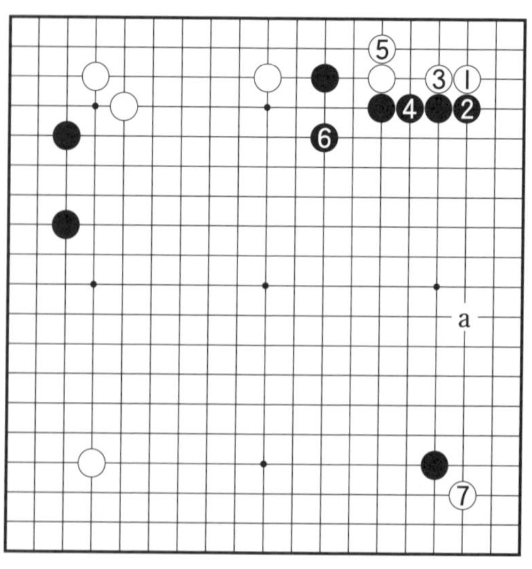

18도(3三침입 이후)

거슬러 올라가 9도 흑3 때 백1의 3三침입도 간명하며 유력하다.

흑2로 넓은 쪽에서 막는 경우에 6까지 지키면 백이 7로 침입하거나 a로 갈라치는 정도로 충분하다.

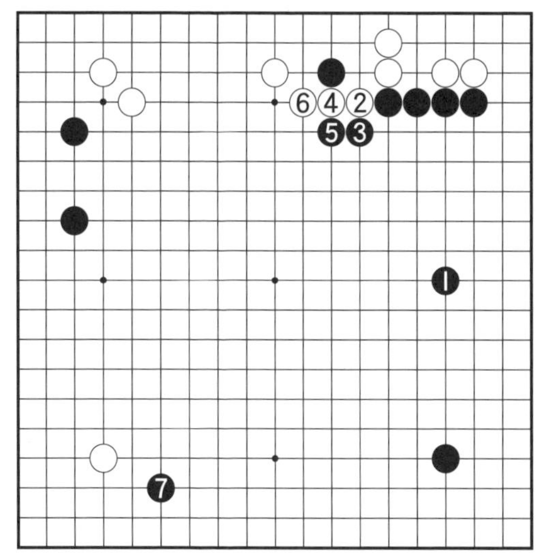

19도(흑, 미흡)

앞 그림 백5 때 흑1로 모양을 펼치면 백은 어떻게 대응할까.

백2로 약점을 직접 노리는 경우 흑3, 5로 물러선 후 7로 전환하는 것은 백의 실리가 커서 흑이 미흡하다.

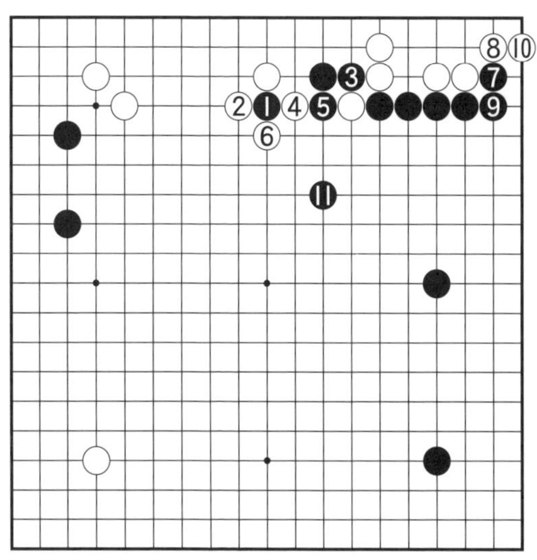

20도(기세의 싸움)

앞 그림 백2 때 흑1로 붙이며 맞서 싸우는 것이 기세이다.

백2에 흑3으로 끊은 후 11까지 AI의 유력한 변화인데 흑이 한점을 희생했지만 우변이 넓은 만큼 충분한 형세이다.

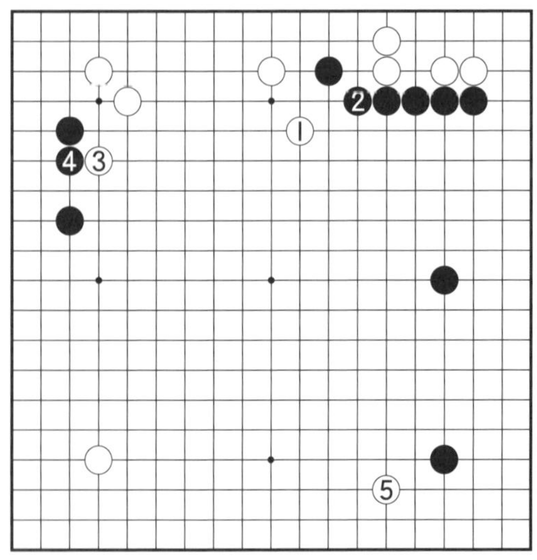

21도(백, 이음 유도)

백은 직접 약점을 끊을 것이 아니라 1로 흑2의 이음을 유도한 후 백3을 활용해 상변을 최대한 키워놓고 5로 전환하는 것이 유력하다.

AI의 형세로는 거의 대등하다고 본다.

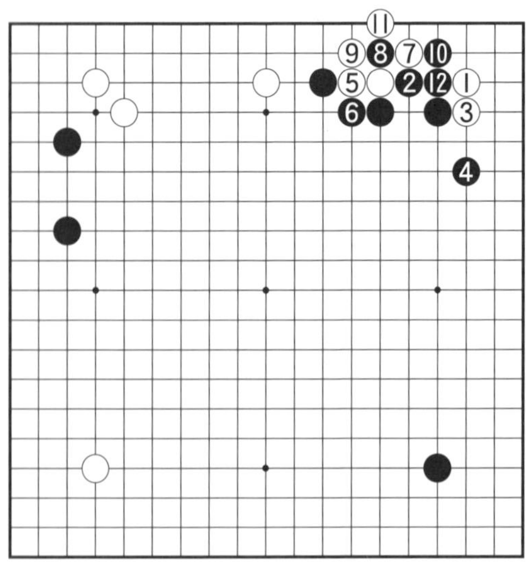

22도(치열한 방안)

거슬러 올라가 백1의 침입에 흑2로 막는 경우 백3 다음 5, 7로 상변 한점을 움직여 싸우는 것이 치열한 방안이다.

흑도 기세로는 8로 끊은 후 12까지의 차단은 당연하다.

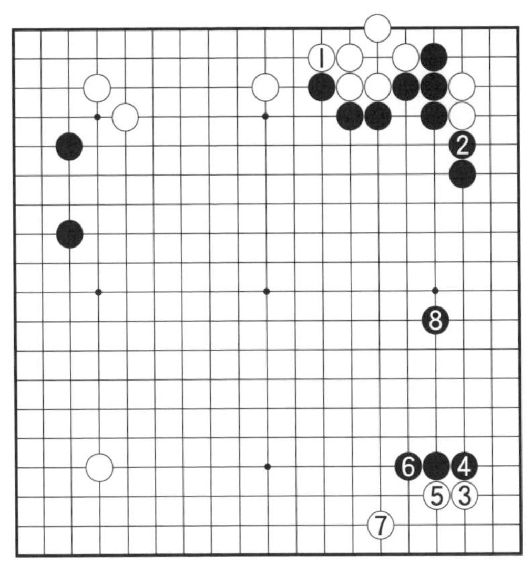

23도(백, 위축된 모습)

이때 백1로 건너고 흑2
로 제압하면 귀쪽 실리
에 비해 백이 위축된 모
습이다.

이어서 백3에 침입한
후 8까지 AI의 유력한
변화인데 우변의 발전성
이 높은 흑이 활발한 국
면이라 본다.

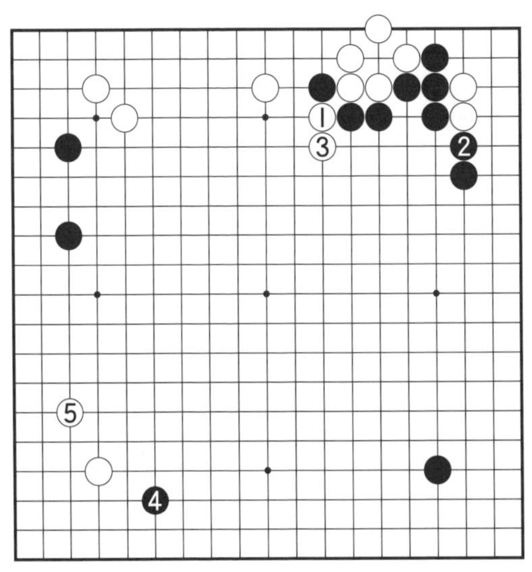

24도(백, 힘찬 모양)

22도 다음 백도 1의 끊
음이 기세이다.

이때 흑2로 참고 백3
에 흑4로 전환하면 백5
로 받더라도 이번에는
상변 모양이 힘찬 백이
활발한 형세이다.

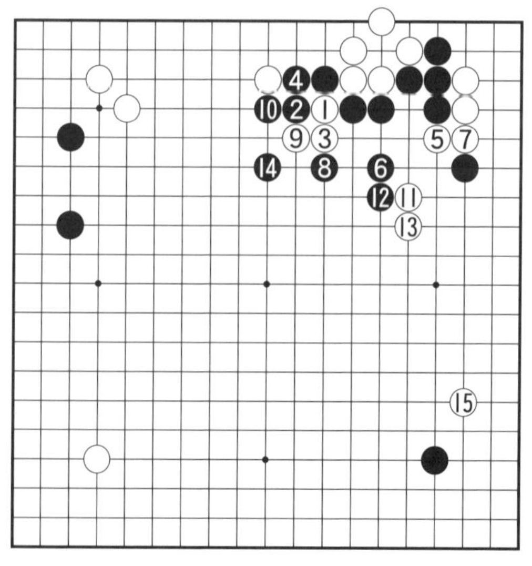

25도(기세의 싸움)

백1에 흑도 2, 4로 나와 싸우는 것이 기세이다.

이하 15까지는 AI 변화도의 일례인데 우변 백 모양이 커지고 있지만 흑도 중앙 석점을 제압했고 상변 백도 죽음 직전이라 거의 대등한 형세라고 본다.

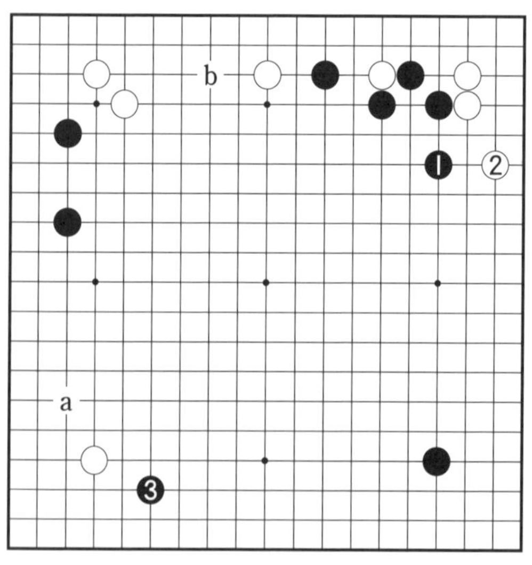

26도(무난한 진행)

22도 백3 때 흑이 어려운 싸움을 피하자면 1로 가볍게 처리하고 3이나 a로 전환하는 것도 무난한 진행이다.

흑3은 b로 침투해서 전장을 옮겨 싸우는 것도 일책이다.

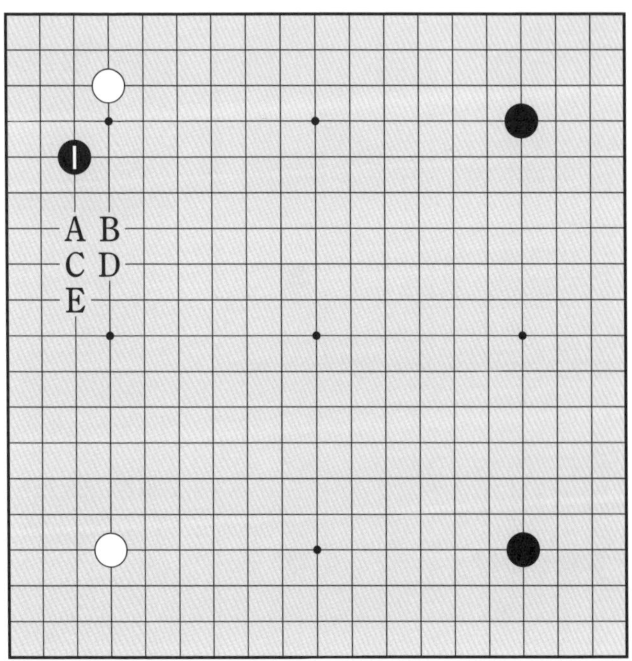

　　이번 주제는 흑1의 소목 날일자걸침에서 백이 협공하는 경우이다. 보통 백은 공격 차원에서 A~E의 5가지 협공을 사용하는데 각각 미묘한 차이가 있어 풀어가는 방법도 달라진다.

　　여기서는 난해한 전투를 피하고 AI의 포석 관점에서 무난하면서도 실전적인 핵심 변화들만 알아본다.

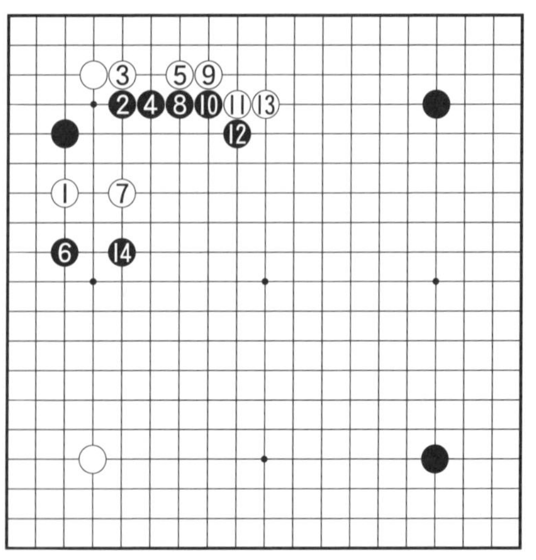

1도(한칸협공 이후)

먼저 백1의 한칸협공에서 출발해본다. 흑2의 날일자씌움은 대부분의 협공에서도 효과적인데 백3, 5로 받으면 흑6의 공격이 위협적이다. 이 때 백7로 나가면 흑8로 밀어 12까지 활용해놓고 14로 추격해서 흑이 국면을 주도한다.

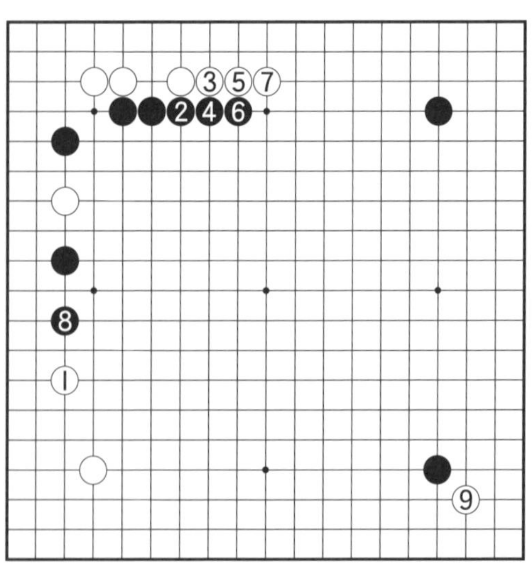

2도(백, 무난한 견제)

앞 그림 흑6 때 백도 맞대응하지 않고 1로 굳히면서 좌변을 견제하면 무난하다. 흑이 2로 밀면서 8까지 모양을 넓혀도 백이 다 받아주고 9로 전환하면 거의 대등한 국면이다.

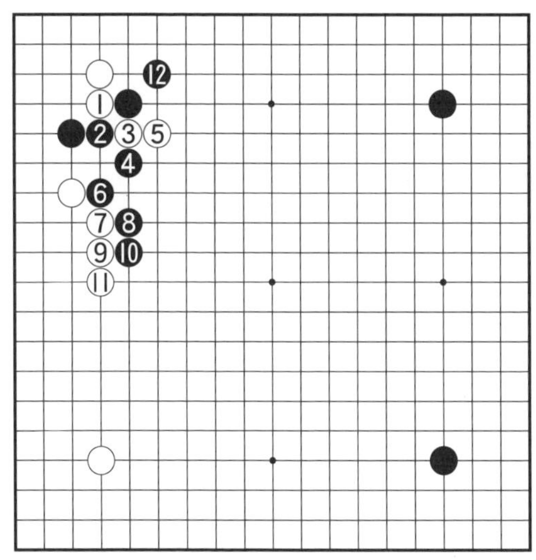

3도(백의 부담)

1도 흑2 때 백이 주도적으로 두려면 1, 3으로 나와 끊는다.

흑4, 6에 백7로 젖히는 것이 예전에는 흔했지만 흑8, 10 다음 12의 마늘모 행마가 효과적 대응법으로 개발되면서 백의 부담스런 진행이 되었다.

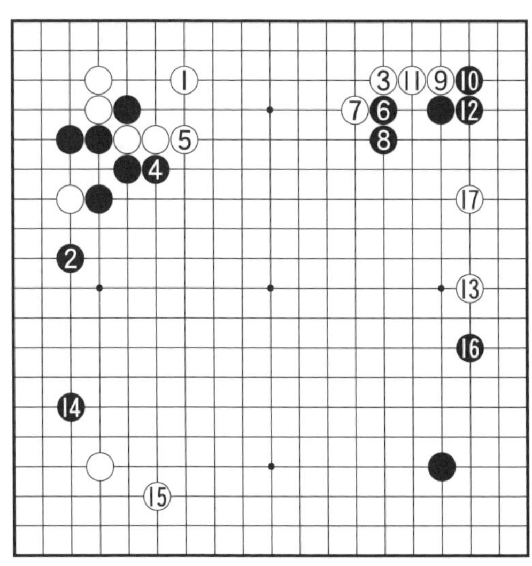

4도(무난한 지킴)

앞 그림 흑6 때 백1과 흑2로 각각 지키면 무난하다.

백3에 걸친 후 17까지는 AI의 유력한 변화인데 서로 대등한 형세이다.

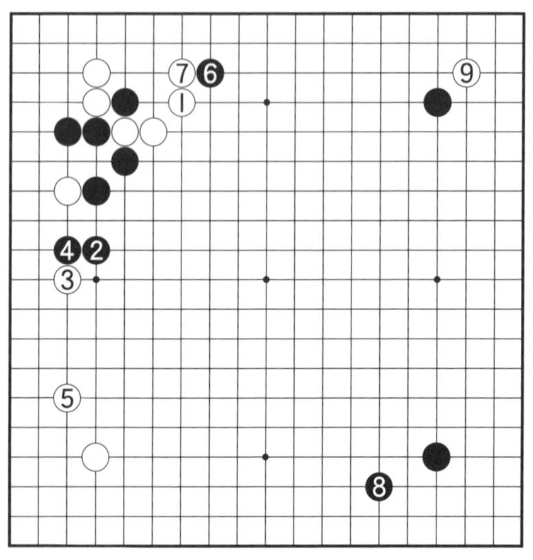

5도(중앙 지향의 지킴)

앞 그림 흑4로 밀리기 싫다면 백1의 마늘모 지킴도 일책이다.

흑2의 한칸도 중앙을 지향한 보강이며 이하 9 까지 진행되면, 서로 변에서 기민하게 활용해가며 어울렸다.

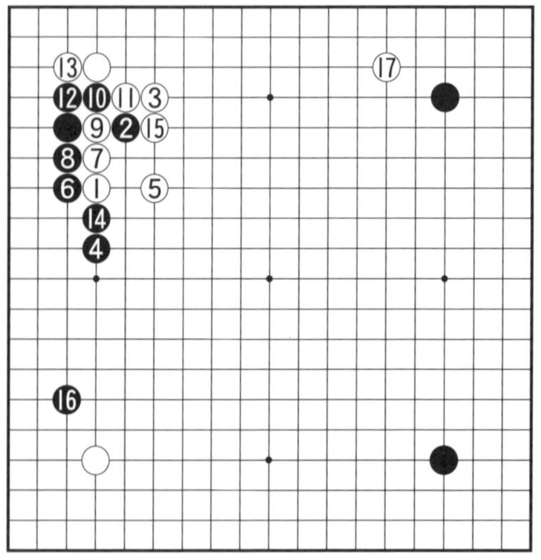

6도(한칸높은협공에서)

백1의 한칸높은협공에서는 일단 흑2의 한칸 나감이 무난한데, 이하 15까지는 예전부터 알려졌던 정석이다.

다음 흑16과 백17로 각각 진영을 넓히면 어울린 형세이다.

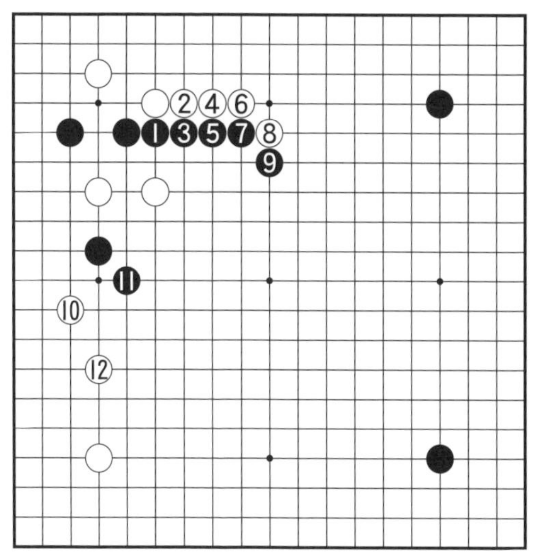

7도(밀어가는 변화)

앞 그림 백5 때 흑1로 밀어가는 것도 상변 실리는 허용하지만 유력한 방안이다.

　이하 12까지 AI의 변화도인데 어울린 형세라고 본다.

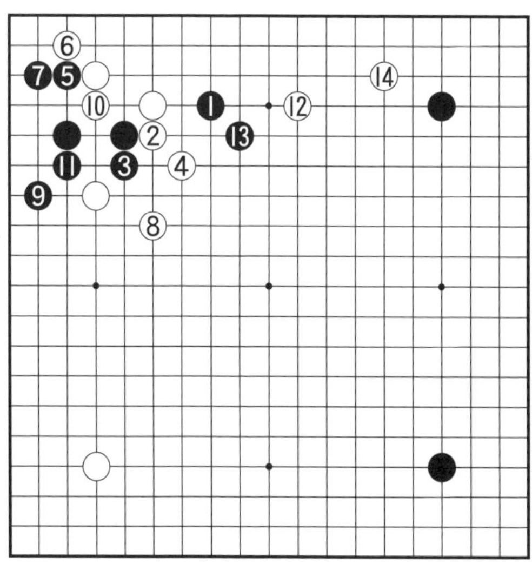

8도(흑, 상변 다가섬)

6도 백3 때 상변에서 흑1의 다가섬도 풀어가는 방안 중 하나이다.

　이하 14까지 AI의 변화도인데 역시 어울린 형세이다.

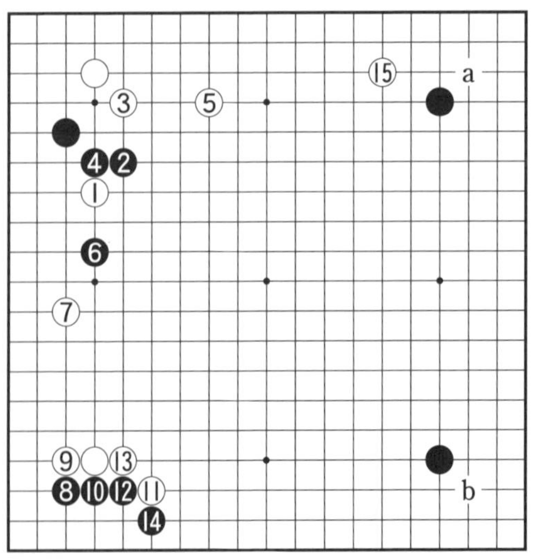

9도(날일자 진출 이후)

백1에 중앙 흑2의 날일자 진출도 일책인데 다음 6까지는 서로 수비의 틀이다. 백7에 다가서면 흑8 이하 14까지 귀를 파는 것이 실전적이며, 백15로 상변을 넓히면 형세는 어울렸다.

AI라면 백15로 a나 b의 침입도 추천.

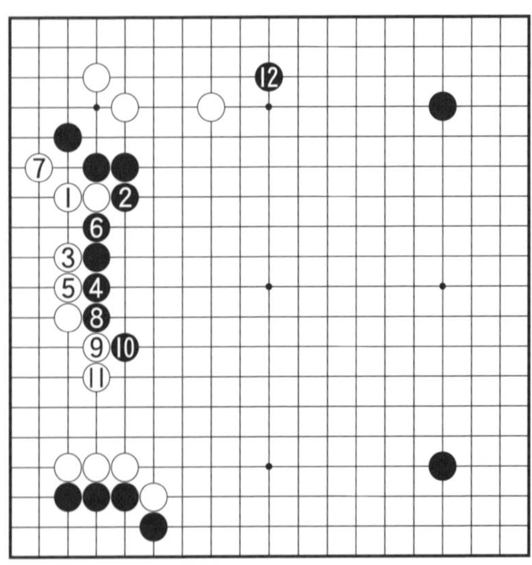

10도(흑진 공략)

앞 그림 흑14 때 백1로 흑진을 공략하면 어떨까. 흑2로 본진을 살리면 백3에 넘은 후 11까지 필연이다.

다음 흑은 화점을 굳혀도 되고 12의 다가섬도 AI가 알려주는 요처인데 형세는 대등하다.

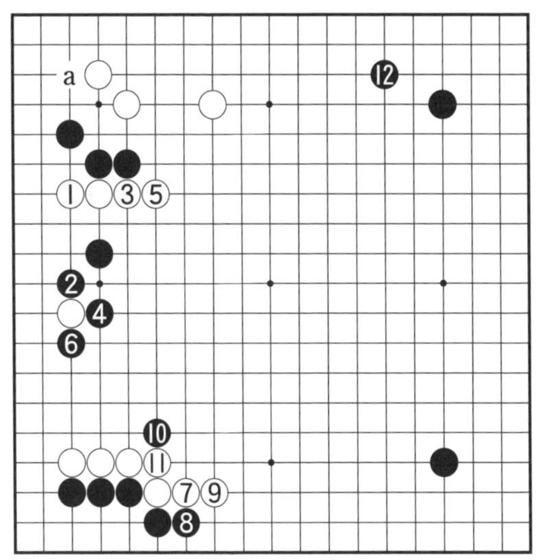

11도(바꿔치기)

백1에 흑2로 차단한 후 6까지도 AI가 알려주는 바꿔치기인데 이하 12까지 어울린 형세라고 본다.

좌상귀 백 실리가 크지만 흑도 a로 붙이는 맛이 남아있다.

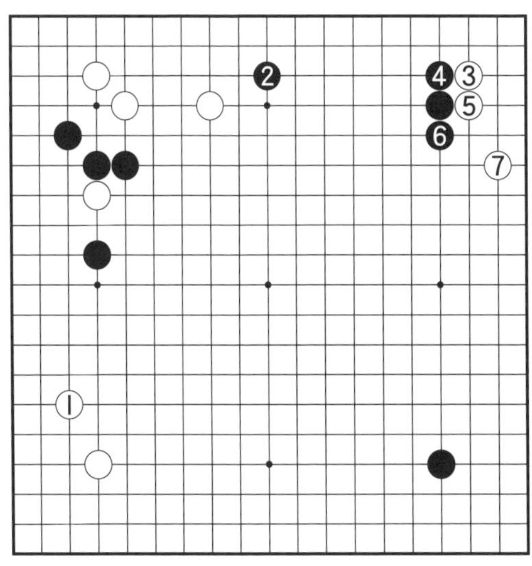

12도(백, 안정적 굳힘)

9도 흑6 때 백1의 굳힘이면 안정적이다.

흑2로 다가서면 백3으로 침입해서 7까지 형세는 어울렸지만, AI는 양쪽 귀의 실리를 확보한 백이 약간 편하게 둘 수 있다고 본다.

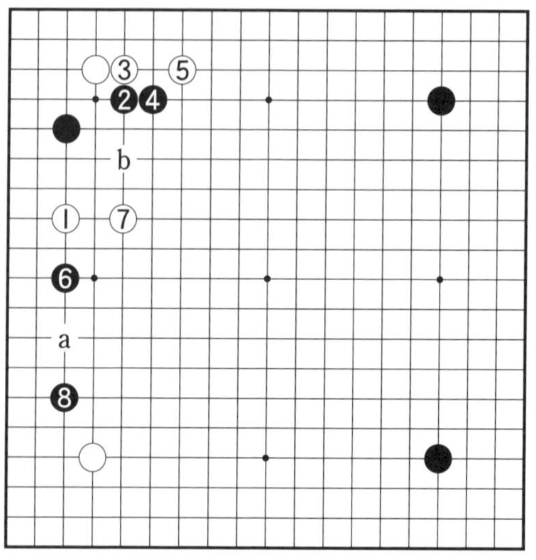

13도 (두칸협공에서)

이번에는 백1의 두칸협공. 흑2에 백이 나와 끊으면 복잡한 변화를 피할 수 없다. 무난하게 두자면 백3, 5로 받고 흑6의 공격에 방향을 정해야 한다. 이때 적극적으로 두자면 백7로 움직인 다음 흑8에 백이 a나 b로 싸울 수 있다.

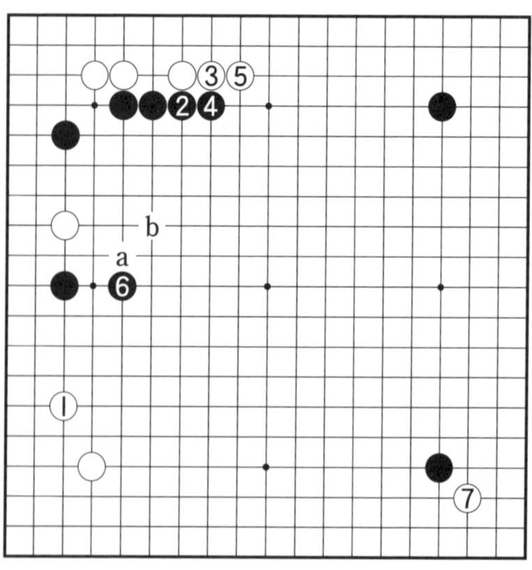

14도 (급전 피하는 굳힘)

앞 그림 흑6 때 백1의 굳힘이면 급박한 싸움을 피할 수 있다.

흑도 2, 4로 벽을 만들어 6이나 a로 한점을 제압해가며 국면을 주도할 수 있다. 다음 백은 7로 전환하거나 b로 나가 싸울 수도 있다.

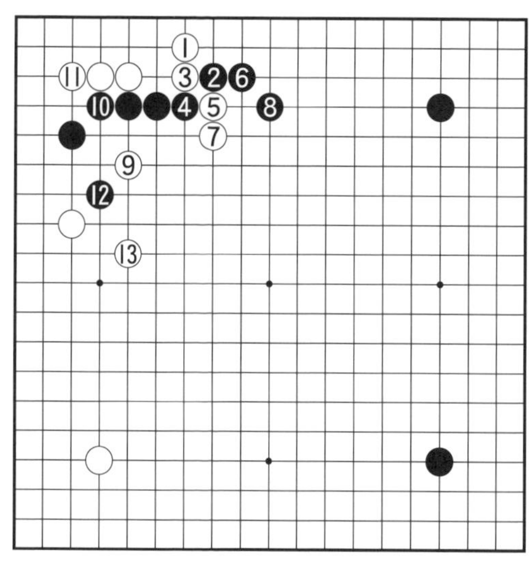

15도(어려운 싸움)

13도 흑4 때 백1의 날일자 행마도 안정된 수비이다. 이때 흑2로 압박하면 백3, 5로 끊고 싸울 수 있다.

이하 백9가 모양의 급소이며 13까지 백이 국면을 주도하지만 서로 어려운 싸움이다.

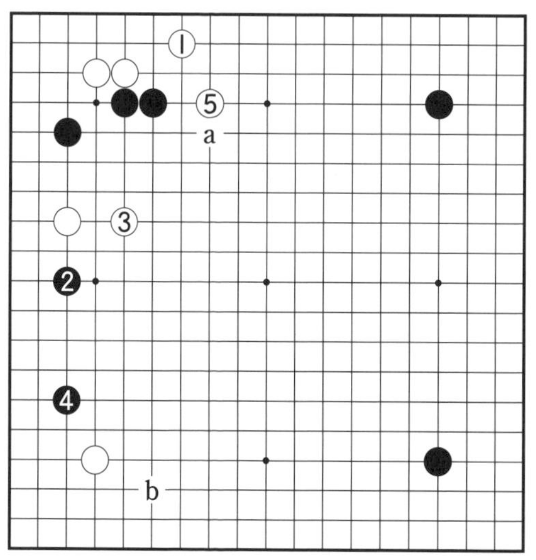

16도(흑진 압박하는 리듬)

백1에 흑2로 협공하면 백3에 뛰고 흑4에 백5로 좌상 흑진을 압박하는 리듬이 자연스럽다.

다음 흑은 a로 붙여 싸우거나 b의 양걸침으로 전환하는 것이 AI가 바라보는 감각이다.

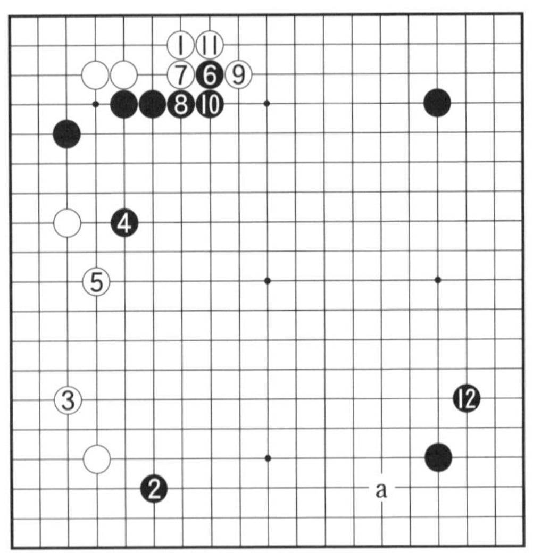

17도(넓은 안목의 구상)

백1에 흑2, 4로 백진을 좌변에 묶어놓고 6의 상변 압박도 넓은 안목의 구상이다. 백7 이하 11 까지는 상변을 정리하는 방안이며, 흑이 12나 a 로 굳히면 서로 무난한 국면이다.

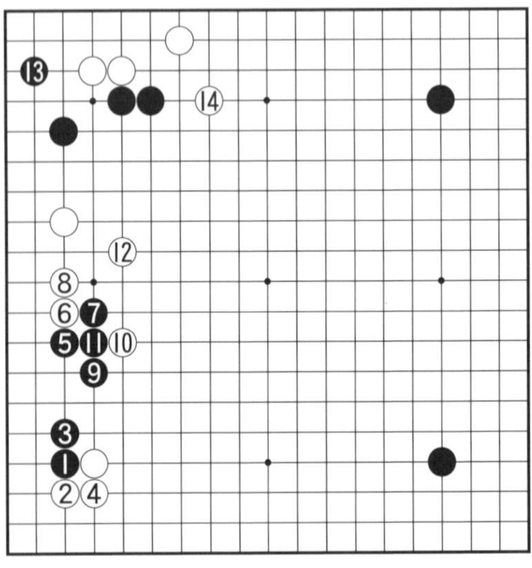

18도(실전적 변화)

이 장면에서 흑1로 화점에 붙임도 유력한 발상이며 이하 14까지 AI의 실전적 변화이다. 서로 5까지 모양을 잡을 때 백6으로 치받으며 12까지 정리해가는 과정이 자못 흥미롭다. 이래도 대등한 형세이다.

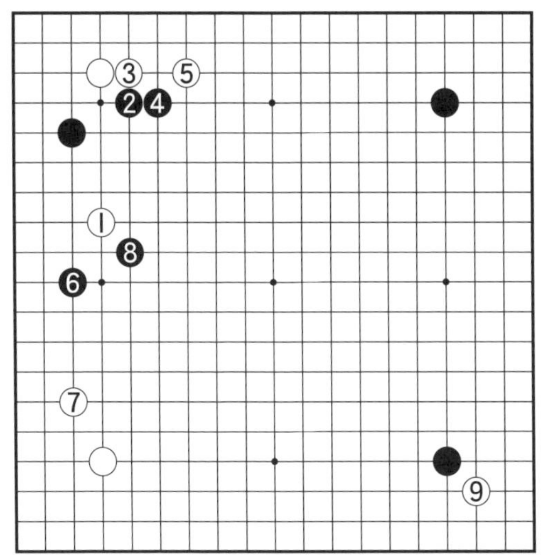

19도(두칸높은협공에서)

백1의 두칸높은협공인 경우에도 흑2, 4로 활용하고 6의 공격이 보편적이다.

　다음 백이 무난하게 두자면 7로 굳힌 후 흑8의 씌움에도 받지 않고 백9로 전환할 수 있다.

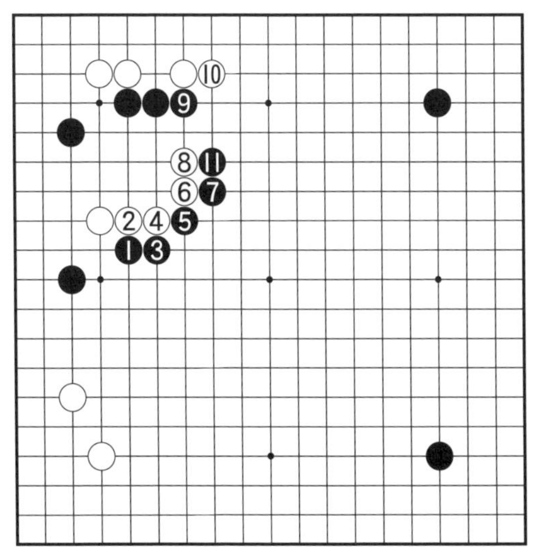

20도(백의 부담)

흑1로 씌울 때 백2로 곧장 나가면 흑이 11까지 압박하는 흐름이 자연스럽다.

　이 싸움은 서로 어렵지만 갇힌 백이 일단 부담스럽다.

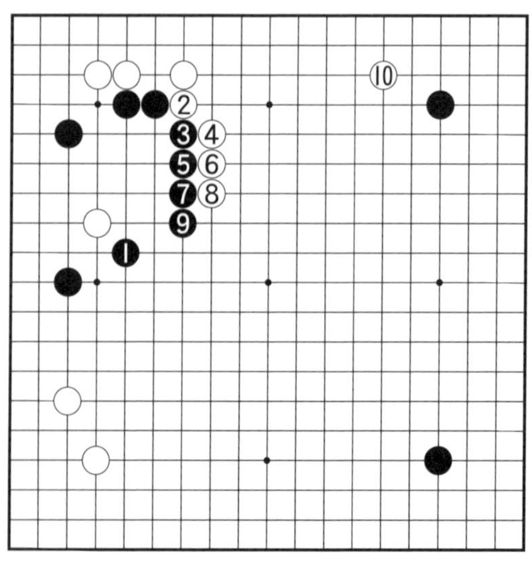

21도(현명한 구상)

흑1에 백이 받는다면 2쪽으로 밀어 올려 9까지 활용한 후 10으로 상변을 넓히는 것이 현명한 구상이다.

이 진행이면 AI는 대등한 형세라고 본다.

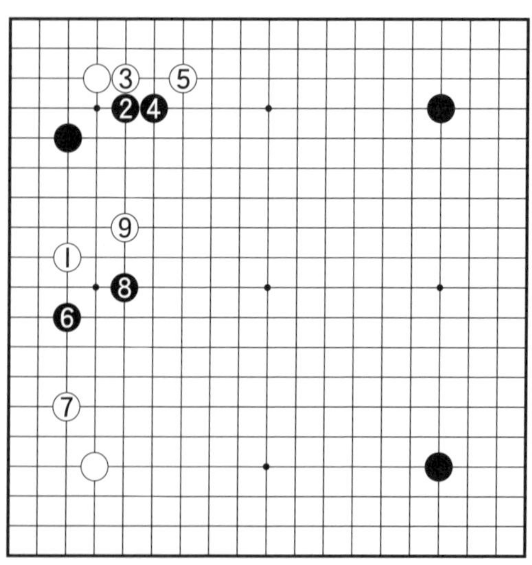

22도(세칸협공에서)

마지막으로 백1의 세칸 협공에 대해 알아보자.

역시 흑2, 4로 눌러 가기는 유효하며 흑6의 협공은 공격으로 보기에는 거리가 멀지만 시도는 가능하다. 백은 7로 굳힌 후 흑8의 압박에 백9로 버틸 수 있다.

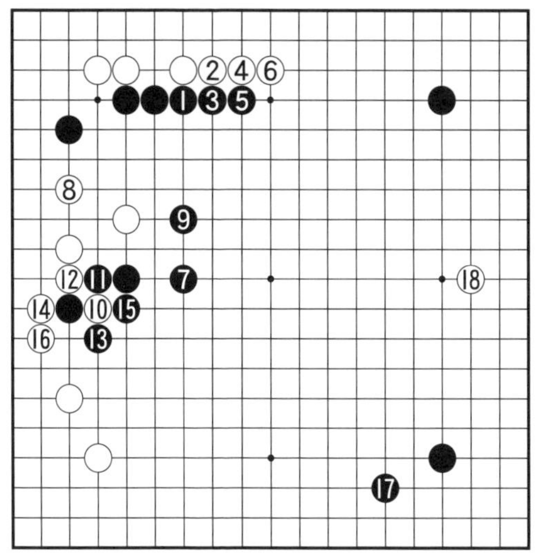

23도(현명한 대응)

이다음 흑1 이하 5로 밀어붙이며 7로 압박하면 백8로 근거부터 마련하는 것이 현명한 대응이다. 이하 좌변에서 타협해가며 18까지는 AI의 유력한 변화인데 흑이 두터운 대신 백은 실리를 알차게 확보해서 대등한 형세이다.

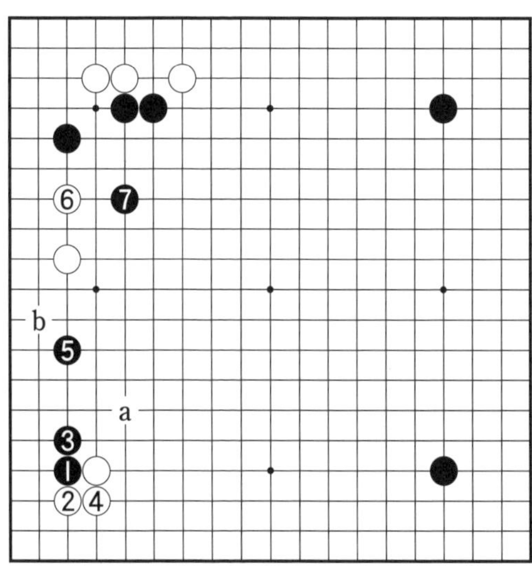

24도(특급 감각)

22도 백5 때 흑1로 화점에 붙임은 AI의 특급 감각이다.

백2, 4로 받으면 흑5로 안정하면서 백6에 흑7로 주도권을 유지한다. 다음 백은 a나 b가 요처이며 어울린 형세이다.

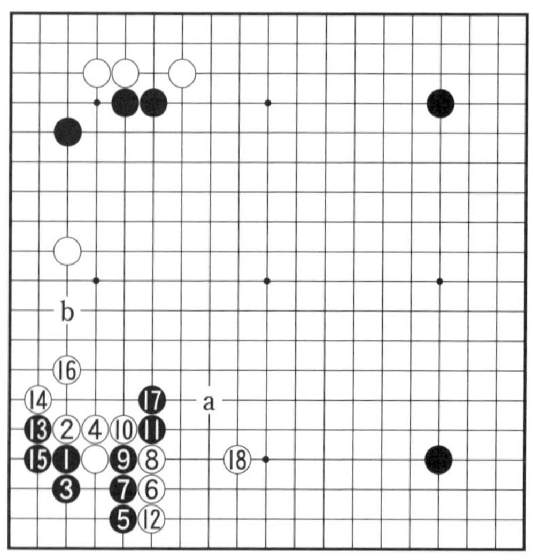

25도(변쪽에서 받는 경우)

흑1에 백2로 변쪽에서 받으면 흑3, 5로 안정하면서 백6의 압박에는 흑 7 이하 11로 끊고 싸울 수 있다.

이하 18까지 AI의 변화도이며, 다음 흑은 a 로 보강하거나 b로 침입해서 싸움을 주도하는 방안도 있다.

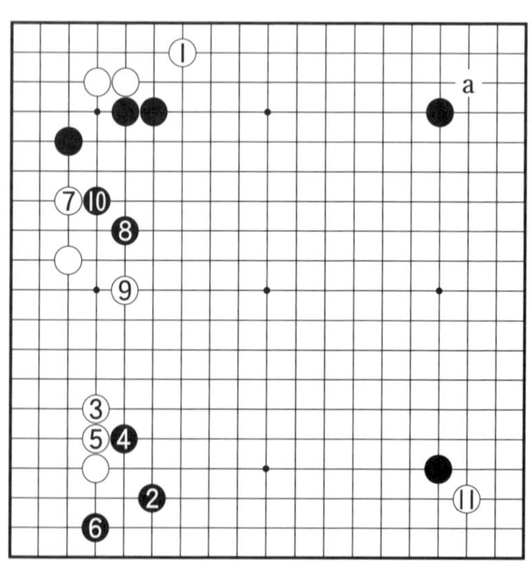

26도(날일자 수비)

22도 흑4 때 백1의 날일자 수비도 일책이다.

이번에는 흑2로 하변에서 걸친 후 10까지 AI의 변화도이며, 백11(또는 a)의 침입으로 전환하면 거의 대등한 형세로 본다.

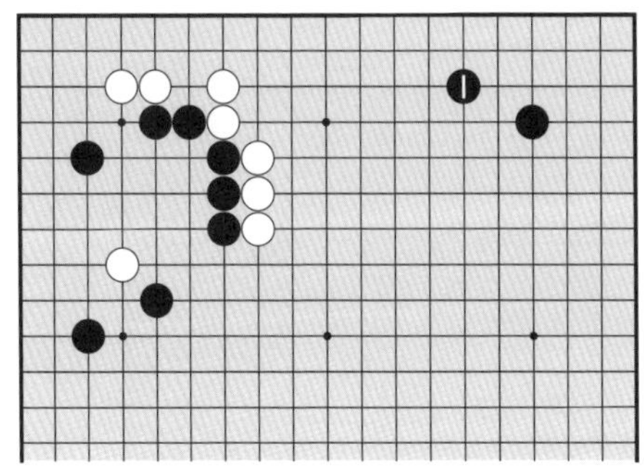

▦ 장면

좌변 모양의 정리 과정(본형 21도 참조)에서 백이 밀어갈 때 흑이 받지 않고 1의 굳힘으로 전환하면 백의 효과적인 반격은 무엇인지 생각해보자.

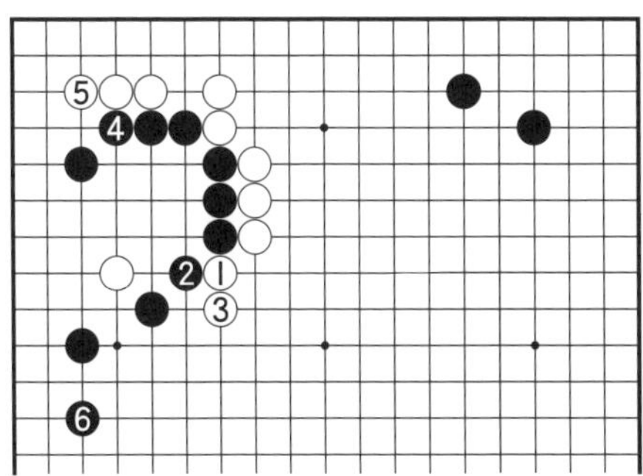

1도(두터운 활용)

백1, 3이 두터운 활용이며 흑도 4, 6으로 보강하는 정도가 진영을 보존하는 무난한 대응이다.

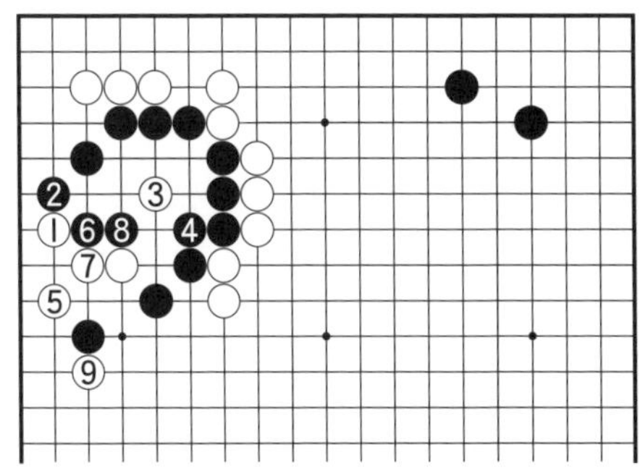

2도(백의 교란)

앞 그림 흑6으로 보강하지 않으면 백이 흑진 안에서 1, 3으로 교란하는 수가 남는다. 이하 9까지 흑은 수습이 되더라도 상당한 손실을 입는다.

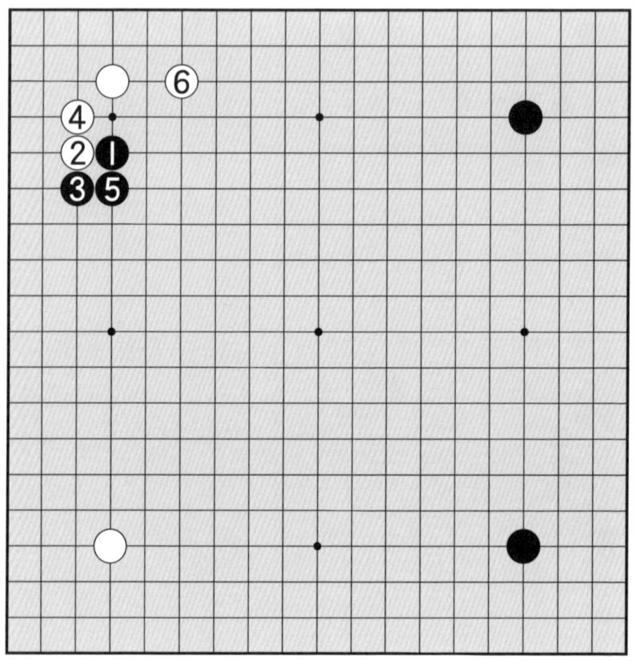

흑1의 소목 한칸걸침에는 백2, 4로 귀의 실리를 확보하는 것이 효과적 수비이다.

이때 흑5로 꽉 잇는 것이 가장 견실하며 백6의 한칸도 기본적 지킴인데, AI의 관점에서 이후의 포석 변화에 대해 알아본다.

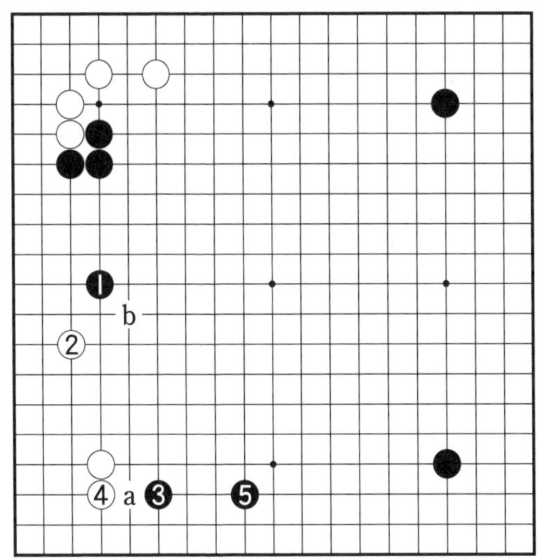

1도(예전 포석)

예전에는 단순히 흑1로 벌리고 백2면 흑3, 5로 하변에 모양을 잡는 포석도 성행했는데, 이 진행이면 AI도 대등한 형세로 본다.

실은 흑1이 발이 늦다고 하며, 백4도 a나 b로 두는 것이 능동적이라 본다.

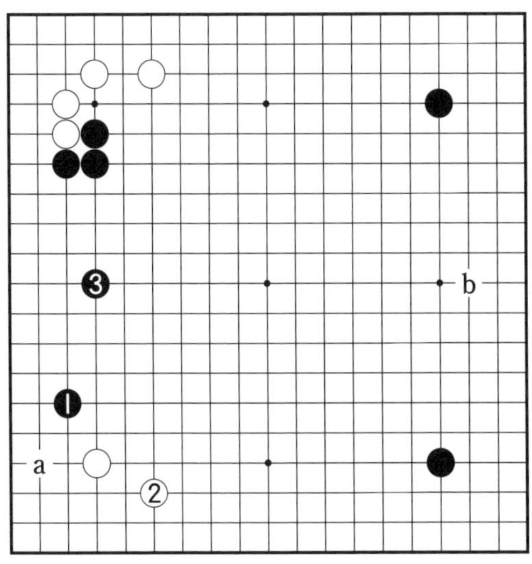

2도(진화된 포석)

먼저 흑1로 걸친 후 3으로 변에 모양을 구축하는 것이 진화된 포석이지만 그래도 AI는 2% 부족하다고 본다.

다음 백도 a나 b로 두면 발이 늦고, 화점에 걸치거나 3三에 침입하는 것이 효과적이라 본다.

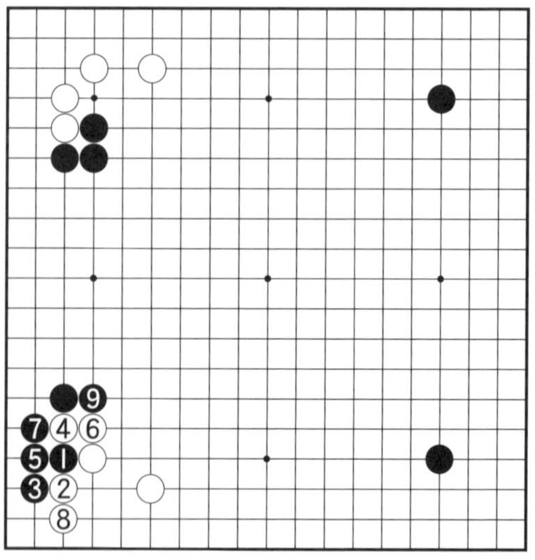

3도(상형)

앞 그림 백2 때 흑1, 3
으로 귀쪽을 파고드는
것이 AI의 실전적 감각
이며 이하 9까지는 상형
이다.

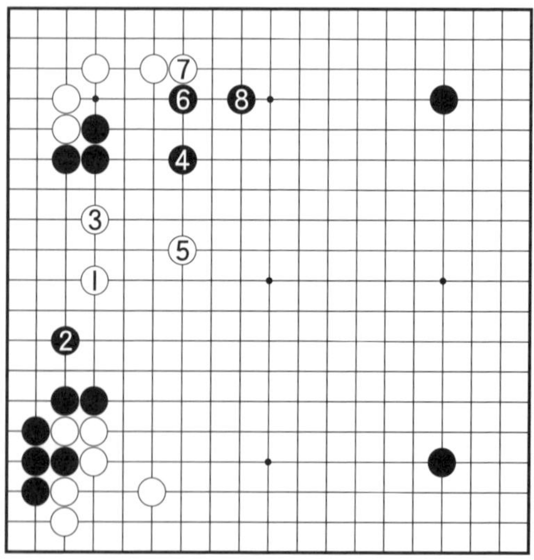

4도(백, 미지근한 발상)

이다음 백이 좌변 흑 모
양을 견제하는 것이 우
선인데 단순히 백1에 갈
라치는 것은 미지근한
발상이다.

흑2로 다가서고 백3
에 흑4 이하 8까지 좌변
백과 동행하며 흑이 모
양을 정리하기만 해도
약간 편한 진행이다.

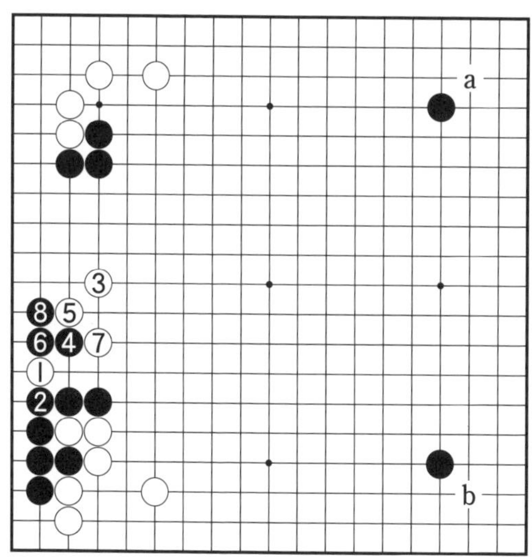

5도(흑이 잇는 경우)

3도 다음 백1로 들여다 보는 것이 국면을 풀어 가는 하나의 방안이다.

흑2로 이으면 이제 백3으로 갈라쳐도 충분하다. 흑4에 백5, 7의 활용이 제격인데 흑8 다음 백이 a나 b로 전환하면 약간 활발한 진행이다.

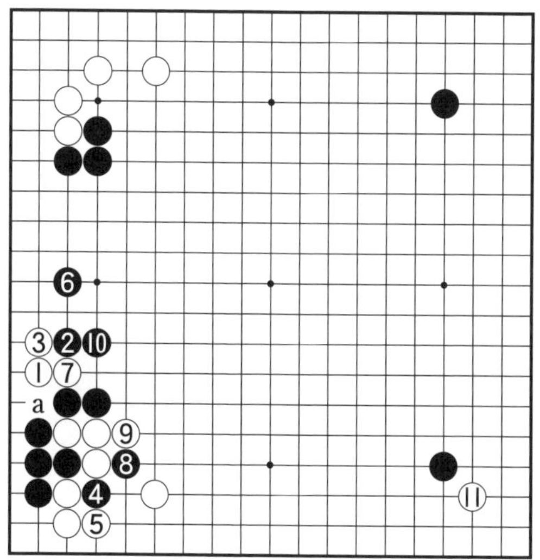

6도(대국적 발상)

백1에는 흑2로 씌운 후 10까지 상용 수순으로 기억해둔다.

다음 백은 a의 끊는 맛을 남겨놓고 11로 전환하는 것이 대국적 발상이며, AI 안목에서 대등한 형세이다.

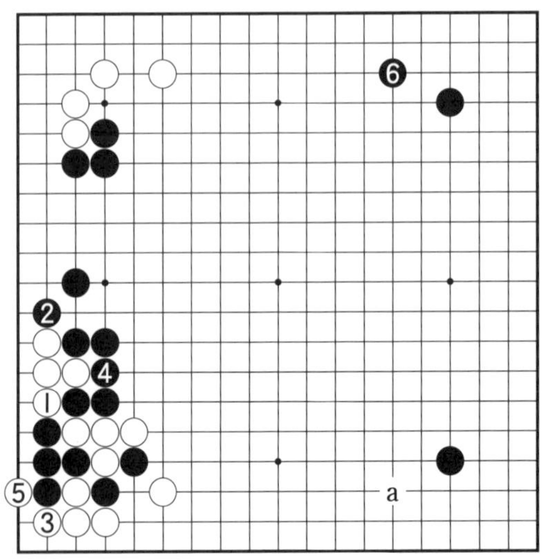

7도(백, 실리에 집착)

앞 그림 흑10 때 당장 백1 이하 5로 귀의 넉점을 잡는 것은 실리에 집착한 행동이다.

귀쪽은 끝내기로 따지면 후수 18집인데 흑도 두터워져서, AI는 다음 흑이 6(또는 a)으로 굳히는 정도로 우세한 진행으로 본다.

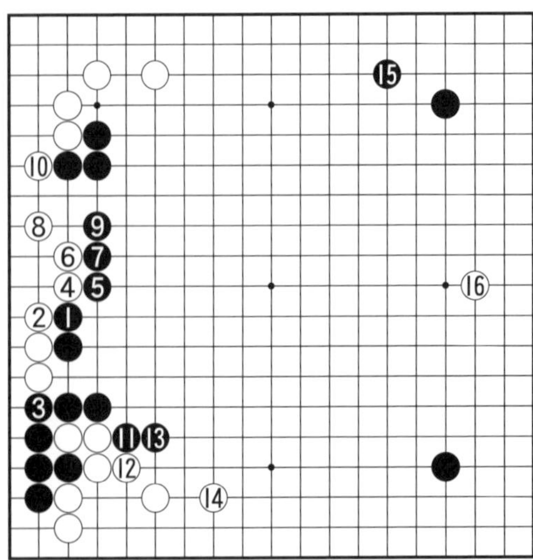

8도(흑의 두터움 활용)

6도 백3 때 좌변 배석에서는 흑1, 3으로 잇고 싸울 수도 있다.

백4 이하 10까지는 타협 수순인데 흑이 좌변 실리를 내줬으나 11, 13으로 두터움을 활용해가며 16까지 진행되면 흑도 불만 없다.

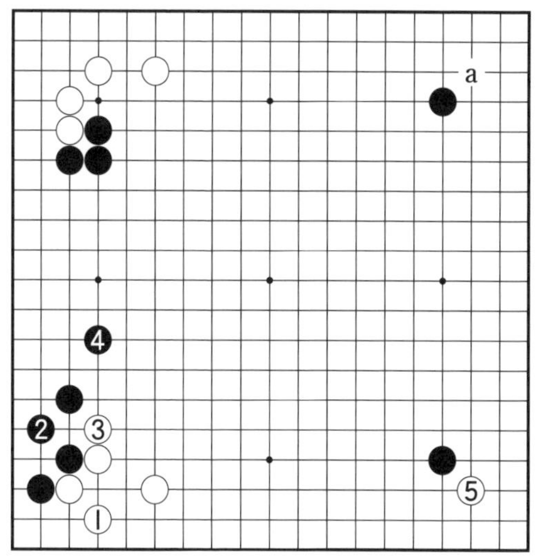

9도(백의 탄력 행마)

거슬러 올라가 3도 흑3
때 백1로 호구쳐 탄력을
주는 행마도 일책이다.
 흑은 2, 4로 유연하게
좌변을 지키고 백은 5
(또는 a)로 전환하는 것
이 AI가 권하는 포석 흐
름이다.

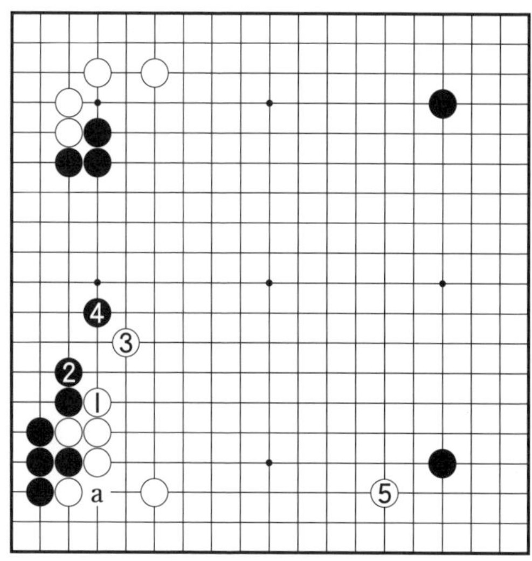

10도(백의 일책)

3도 흑7 때 백1, 3으로
중앙을 향하고 흑4로 받
으면 백5로 하변을 넓히
는 방법도 일책인데, a
의 맛은 남지만 형세는
어울렸다.

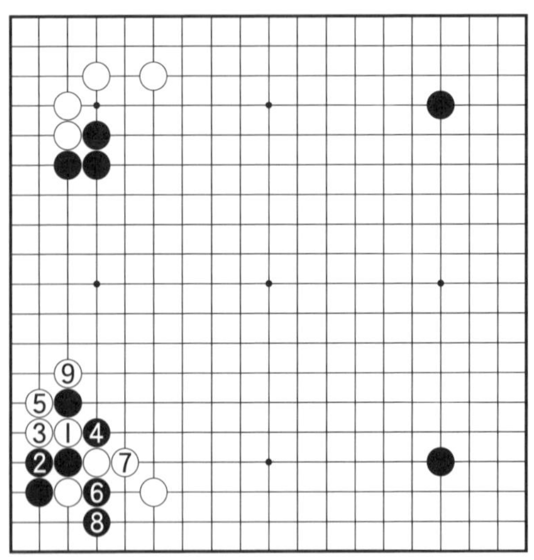

11도(관통하는 경우)

흑이 귀에 파고들 때 백 1, 3으로 관통하는 경우의 포석 변화에 대해서도 알아보자.

일단 흑4로 끊은 후 9까지는 필연이다.

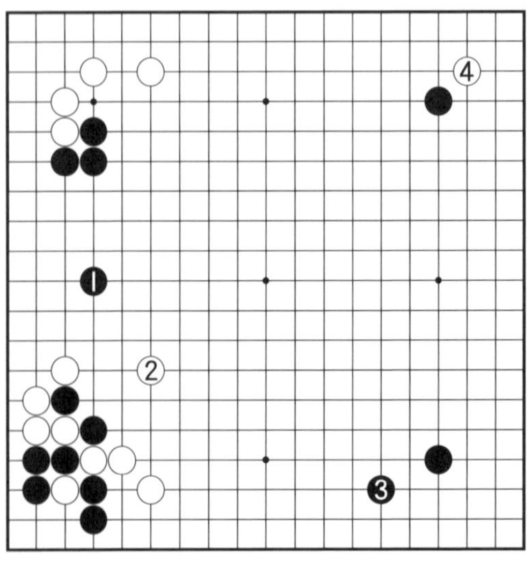

12도(백, 두터운 보강)

이다음 흑이 1로 벌리면 무난한데 AI의 눈에 일순위는 아니다.

백2로 두텁게 보강한 후 흑3과 백4의 흐름이면 백이 약간은 편하다고 본다.

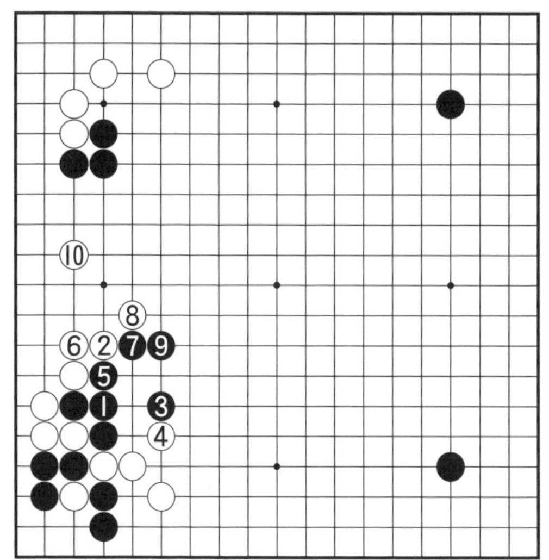

13도(기세의 싸움)

11도 다음 기세로는 흑 1로 잇고 싸운다. 백2의 마늘모는 4의 급소를 두기 위한 행마이며 9까지 보편적인 수순이지만 백 10의 벌림이 공격도 겸하는 요처이다.

　이 변화는 AI 안목에서 백이 약간 주도하는 국면으로 본다.

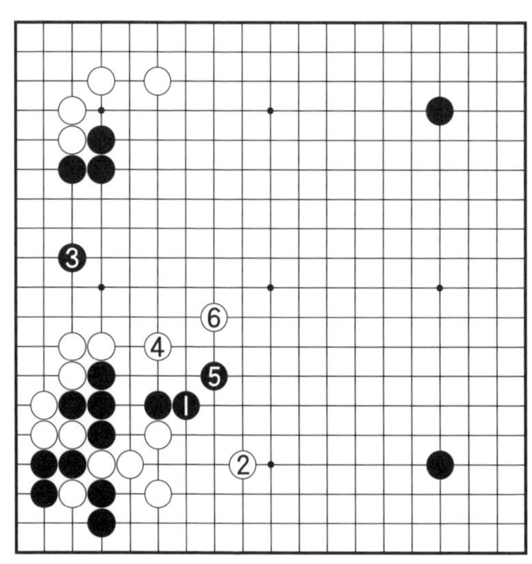

14도(팽팽한 싸움)

앞 그림 백6 때 흑1의 뻗음이 힘찬 행마로 백2에 흑은 3으로 먼저 벌릴 수 있다.

　이하 6까지 AI가 제시하는 중앙 공방인데 서로 팽팽한 싸움으로 본다.

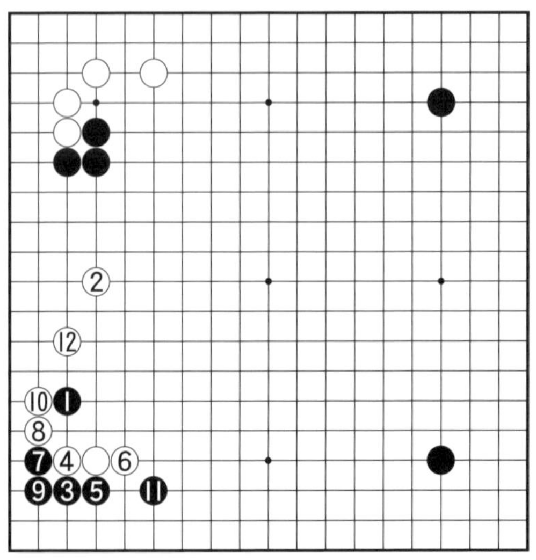

15도(공격도 겸하는 자세)

처음으로 돌아가서 흑1
의 걸침에 백2의 협공도
유력한 선택이다.

이때 흑3에 침입하면
이하 12까지 AI의 대표
정석이지만 좌변 백진이
공격도 겸하는 자세가
되어 흑이 재미없는 진
행이다.

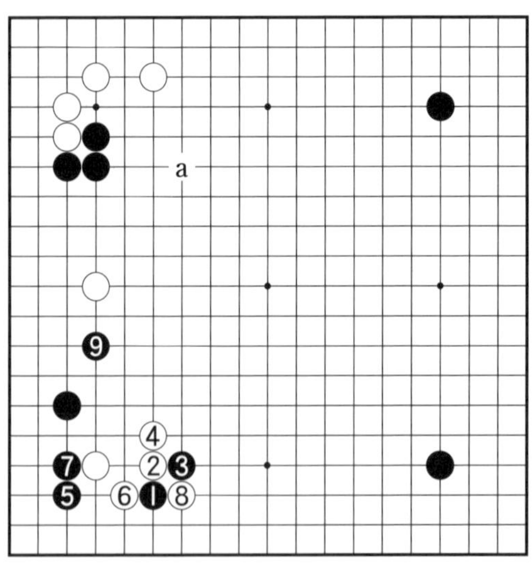

16도(능동적 양걸침)

앞 그림 백2 때 흑1의
양걸침이 능동적인데 백
2로 붙인 후 9까지 타협
하면 무난하다.

흑9는 a로 진출해서
국면을 넓게 이용할 수
도 있다.

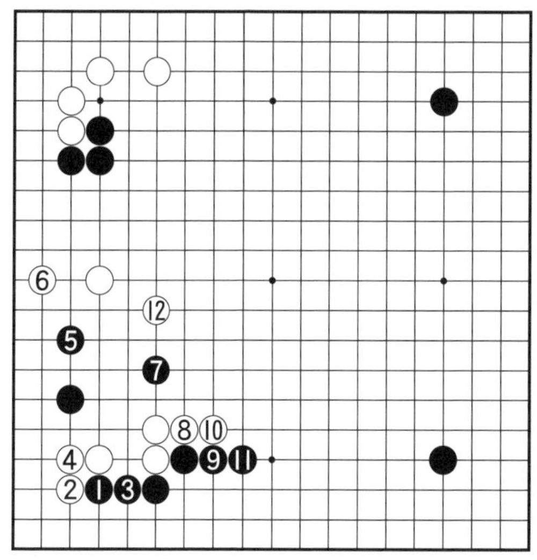

17도(치열한 변화)

앞 그림 백4 때 흑1의 붙임도 생각할 수 있다.

이하 12까지 AI의 치열한 변화인데 백이 하변에 실리는 허용했지만 좌변에 맹공을 가해서 국면의 주도권은 백이 쥐고 있다.

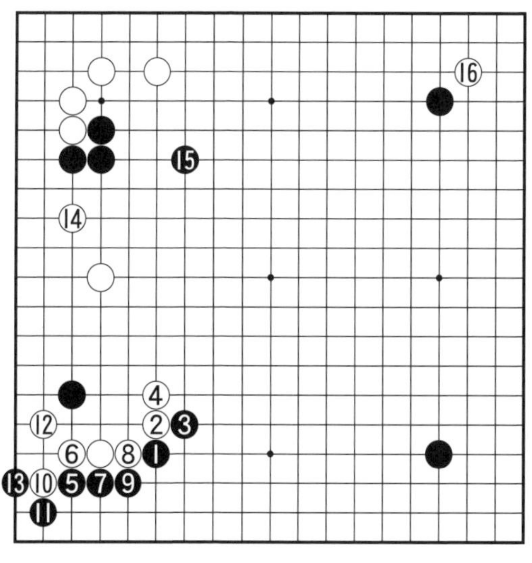

18도(높은 양걸침에서)

흑1로 높은 양걸침의 경우 백2, 4로 붙여 늘고 나서 13까지 많이 애용되는 수순인데, 이 배석에서는 백14가 공격도 겸하는 요처가 되어 백이 국면을 주도한다.

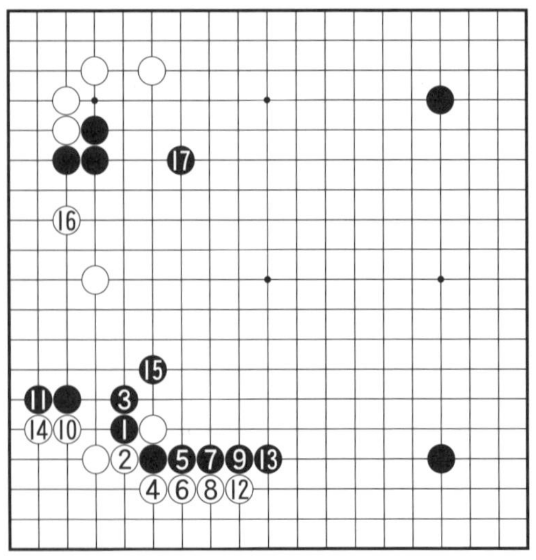

19도(흑의 반발)

앞 그림 백2 때 흑1, 3의 반발도 생각할 수 있다. 백4로 아래에서 단수친 후 14까지 선수해 놓고 16으로 전환하면 백도 실리로 앞서 불만 없는 진행이다.

AI는 흑17로 보강하는 정도로 흑도 두터워 어울린 형세로 본다.

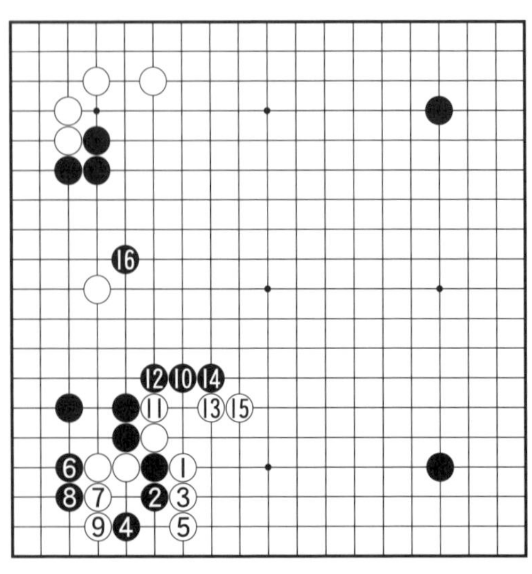

20도(흑의 활용과 공격)

앞 그림 흑3 때 백1로 위에서 몰아가면 흑2, 4로 키우고 나서 6, 8로 활용하고 중앙도 14까지 활용한 다음 16으로 공격해서 흑이 국면을 주도한다.

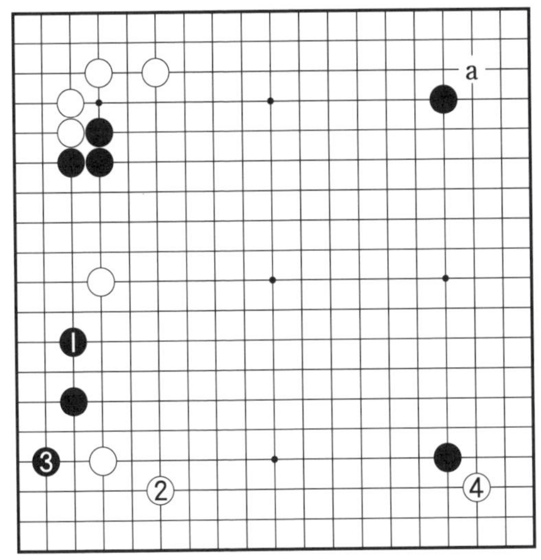

21도(흑, 간명한 벌림)

15도 백2 때 흑1의 한 칸벌림도 간명하다. 백2로 받으면 흑3의 달림이 안정적이다.

백도 4나 a로 전환하면 충분한 진행이다.

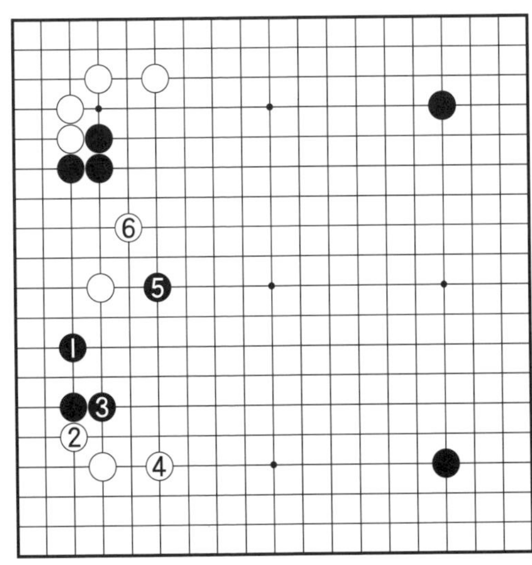

22도(어려운 싸움)

흑1에 백2, 4로 강하게 받으면 흑5의 공격으로 대응한다.

백도 6으로 나가며 싸울 수 있으므로 서로 어려운 바둑이다.

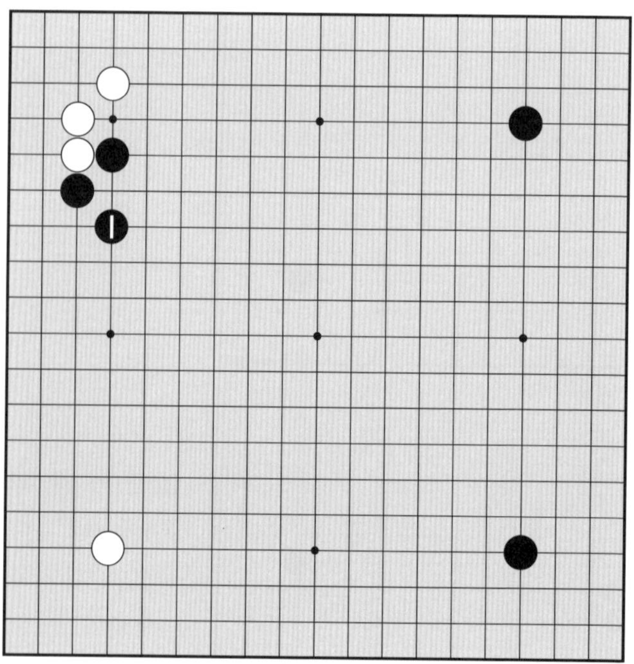

이번에는 흑1의 호구로 잇는 경우인데 좋게 보면 탄력적이라 그동안 많이 애용했지만 AI의 관점에서는 엷다고 판단한다.

사실 관점의 차이가 미묘해서 전국을 바라보는 안목이 더욱 중요한데, AI의 주안점을 토대로 이후 포석 변화에 대해 알아본다.

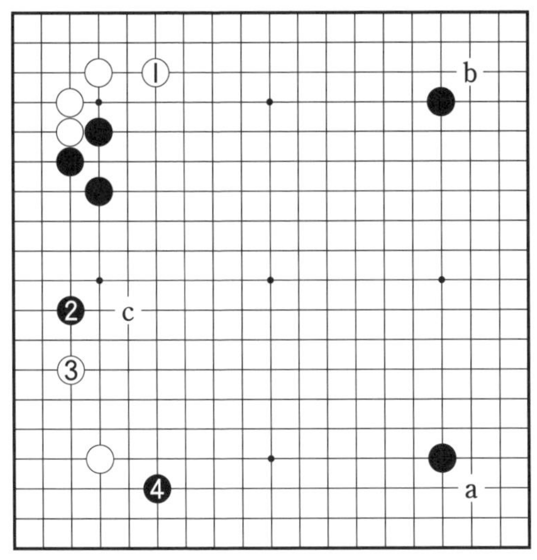

1도(초창기 진행에서)

기본형 다음 백1로 받으면 흑2로 벌리고 백3으로 다가서는 것이 초창기에 많이 두던 진행이다. AI는 수순 중 흑2 때 백이 a나 b로 전환해서 좋다고 본다.

백3 때 흑도 c로 지키면 발이 늦고 4의 걸침이 요처라고 평한다.

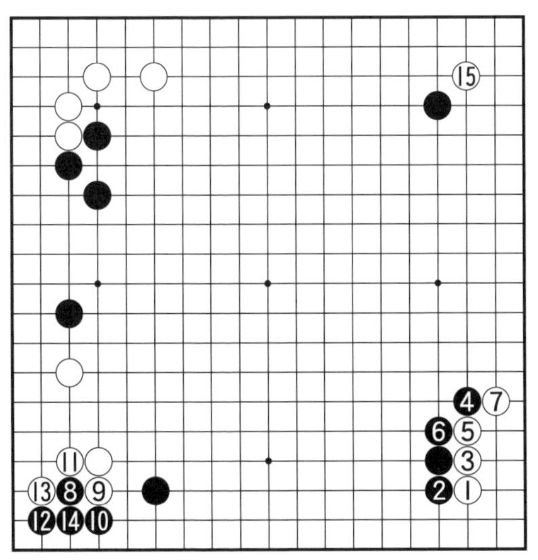

2도(일순위 3三침입)

이다음 백1의 큰 자리로 전환해서 7까지 되면 흑8의 3三침입도 요소이다. 백이 14까지 간명하게 처리한 후 15로 전환하면 대등한 형세인데 서로 3三침입이 일순위 자리임을 알 수 있다.

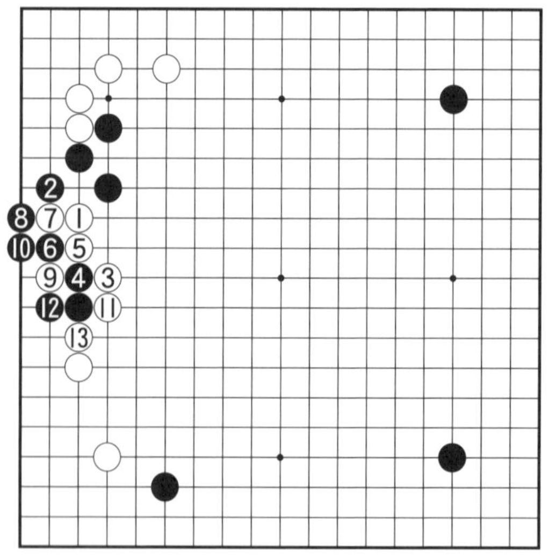

3도(흑, 빈약)

1도 다음 백1로 침투하면 어떨까.

이때 흑2로 차단한 후 13까지 연결에 초점을 두면 흑 모양이 빈약해서 AI는 백이 단연 우세하다고 본다.

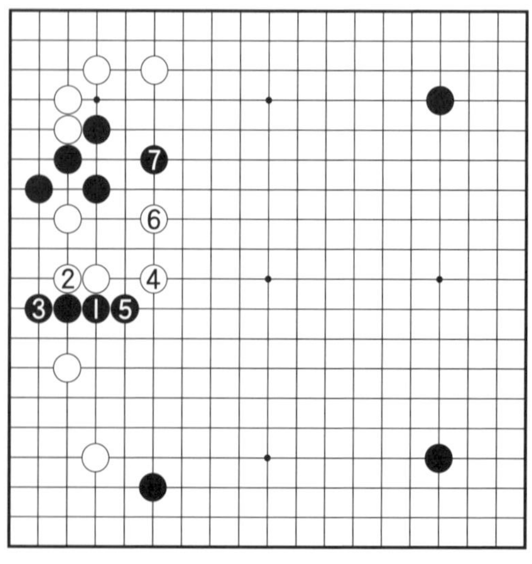

4도(당당한 싸움)

보통 모양이 눌리면 불리한 법이다.

앞 그림 백3 때 흑1로 나가서 이하 7까지 당당히 싸우면 흑도 충분하다고 본다.

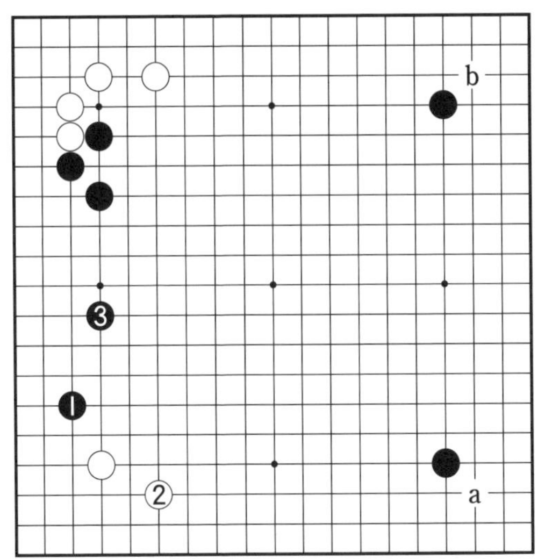

5도(진화된 발상)

좌변에서 흑은 단순히 벌리기보다 1, 3으로 모양을 구축하는 것이 진화된 발상이다.

　다음 백이 a나 b로 전환하면 AI 안목에서 대등한 형세이다.

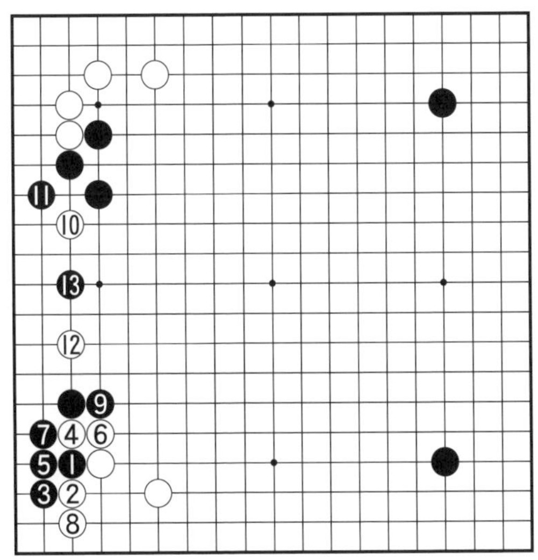

6도(일순위 파고들기)

앞 그림 백2 때 AI의 감각은 흑1, 3으로 귀에 파고드는 것이 일순위이다. 이하 9까지 보편적 수순이며, 이 진행이라면 좌상 호구이음이 도움이 된다. 백10, 12는 AI의 침투법이며 흑13으로 분단해서 팽팽한 싸움으로 본다.

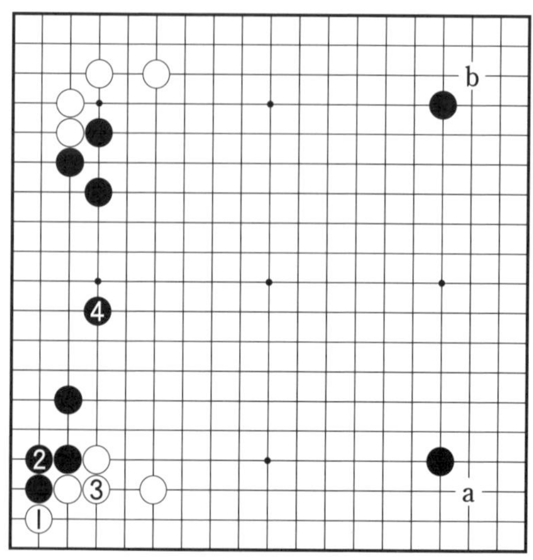

7도(귀의 정리 방안)

앞 그림 흑3 때 백1의 이단젖힘도 귀를 정리하는 방안인데 흑은 2, 4로 모양을 구축한다.

다음 백이 a나 b로 전환하면 서로 무난한 포석 변화이다.

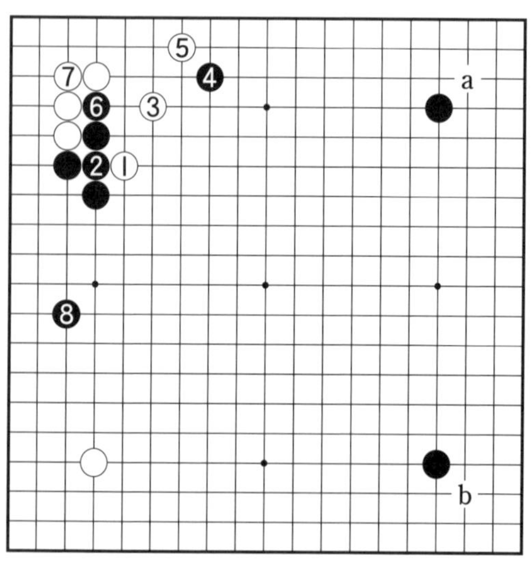

8도(백, 효율적 활용)

처음으로 돌아가 좌상귀 정석에서 백은 1을 활용하고 3의 날일자로 받는 것이 보다 효율적이다.

흑도 4로 다가서고 6의 활용 후 8의 벌림이 능동적 대응법이며 다음 백이 a나 b로 전환하면 서로 무난한 포석 변화이다.

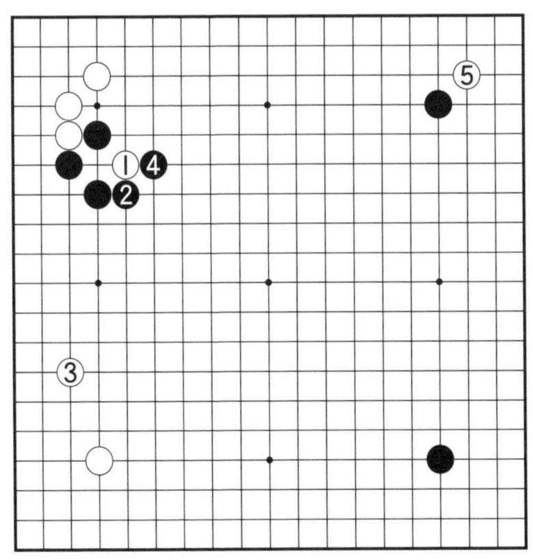

9도(백, 효과적 굳힘)

백1에 흑이 잇지 않고 2로 받으면 백3으로 굳히며 좌변을 견제하는 것이 효과적이다.

흑4로 보강해서 두텁지만 백5의 침입으로 전환하면 백이 국면을 주도하는 진행이다.

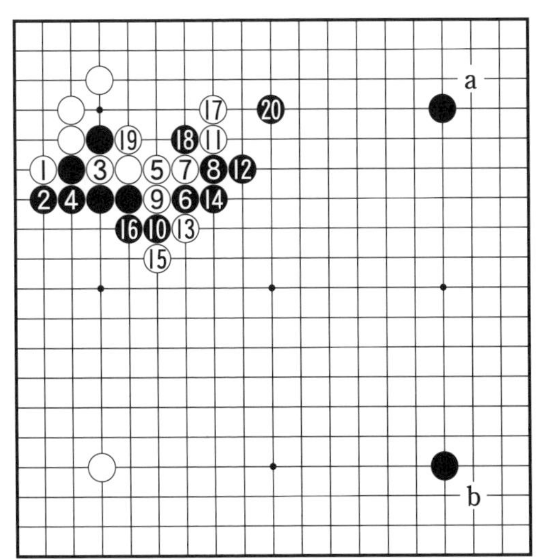

10도(어려운 길)

앞 그림 흑2 때 백1로 젖히고 흑2로 막으면 어려운 길로 접어든다. 백3에 끊은 후 20까지 그동안 알려진 정석 수순인데, 다음 백이 a나 b의 침입으로 전환하면 AI 안목에서 호각이다.

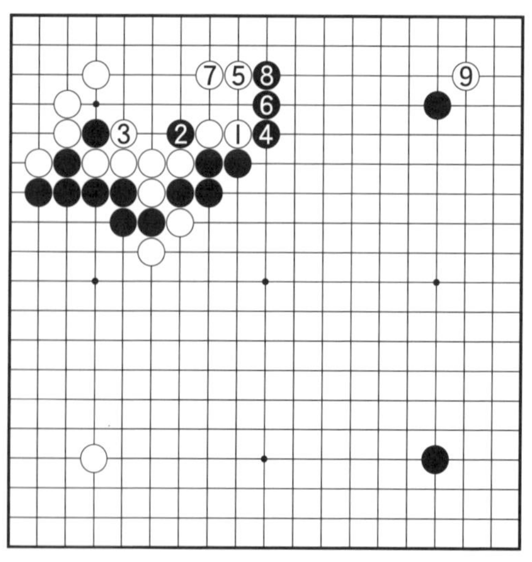

11도(백, 견실한 정리)

실은 앞 그림 흑16 때 백1로 강하게 밀고 이하 7까지 견실하게 정리하는 것이 실속이 있다고 한다. 흑8로 막을 때 백9의 침입으로 흑진을 삭감하면 백이 활발한 국면이다.

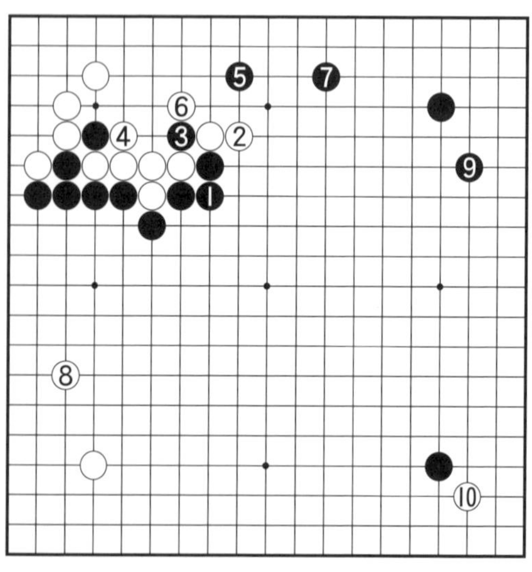

12도(일품 순발력)

10도 백11 때 흑도 1의 이음이 정수라고 한다.

백2에 흑은 3으로 활용하고 5, 7로 백진을 제어하며 상변에 모양을 잡는 것이 일품 순발력이며, 백8의 굳힘을 허용하지만 흑이 국면을 주도할 수 있다.

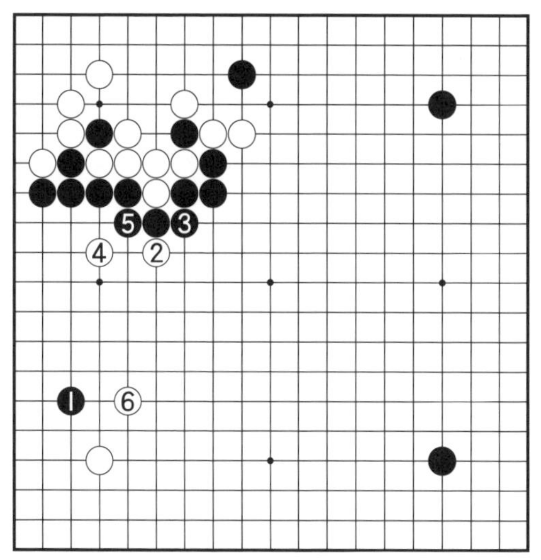

13도(흑, 좌변 중시)

앞 그림 백6 때 흑이 좌변을 중시하면 1로 먼저 걸친다. 백도 2, 4로 활용하면서 6으로 상황에 맞게 좌변을 제어하면 AI 안목에서 대등한 형세이다.

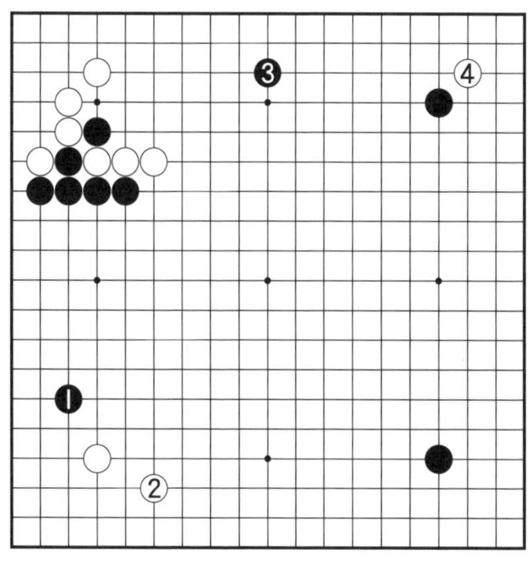

14도(흑, 유연한 발상)

10도 백5 때 흑1로 걸친 다음 3으로 벌리는 것도 모양을 결정짓자는 고정관념에서 벗어난 유연한 발상이다.

백4로 침입하면 거의 대등한 형세이다.

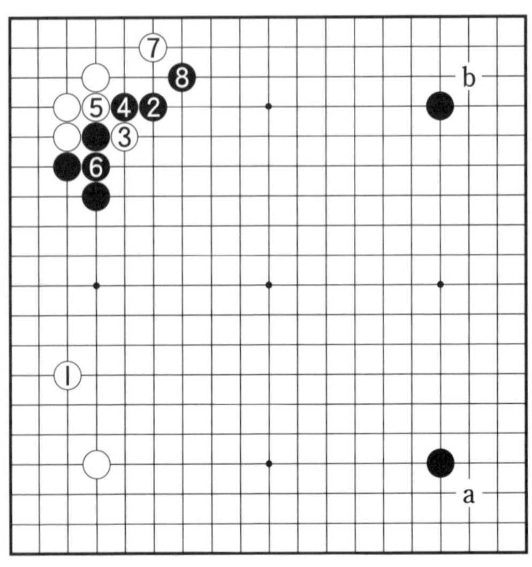

15도(처음부터 굳힘)

호구이음에 대해 AI의 감각은 처음부터 백1의 굳힘도 효율적 방안으로 본다.

흑2로 씌우면 백3으로 약점을 만들어놓고 이하 8까지 된 다음 백이 a나 b로 큰 자리에 전환해서 약간 활발한 형세라고 판단한다.

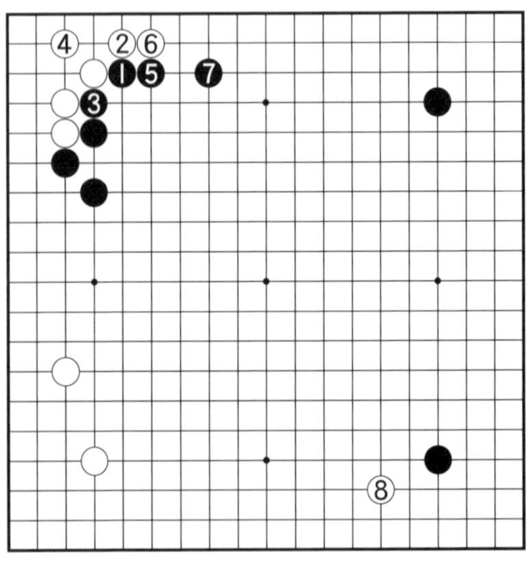

16도(강하게 붙일 때)

흑1로 강하게 붙이면 백2로 젖힌 후 7까지 낮은 자세로 정리하지만, 다음 8의 걸침이나 귀의 3三에 침입하면 역시 백이 충분하다고 본다.

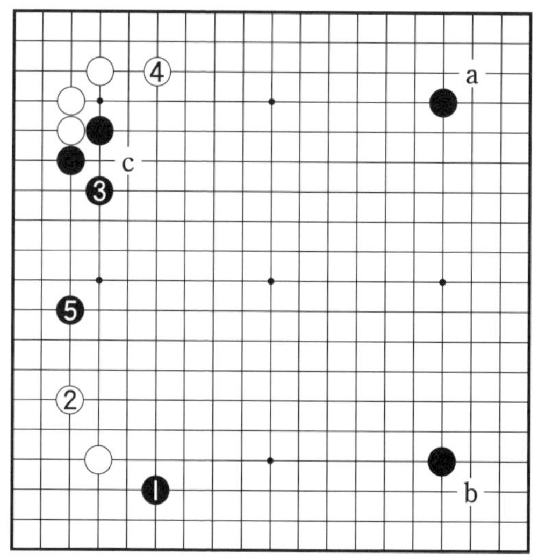

17도(예전 발상)

애초 흑1로 걸친 후 3, 5의 벌림도 예전 발상이다. 능동적으로 운영하려는 뜻인데 이 진행대로 이어져 다음 백이 a나 b로 침입하면 대등한 형세이다. 그러나 수순 중 백4는 c쪽 활용으로 백이 국면을 주도할 여지가 있다.

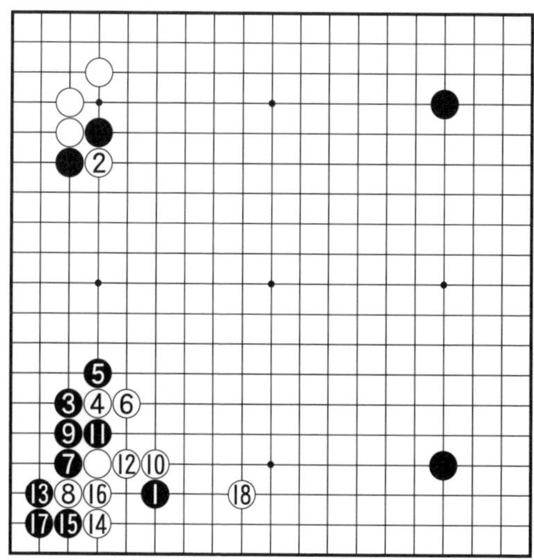

18도(백, 유력한 끊음)

흑1에 받지 않고 백2의 끊음도 유력하다.

흑3에 양걸침하면 백4로 붙인 후 18까지도 무난한 정석 수순인데, AI 안목에서 백이 충분한 결과로 본다.

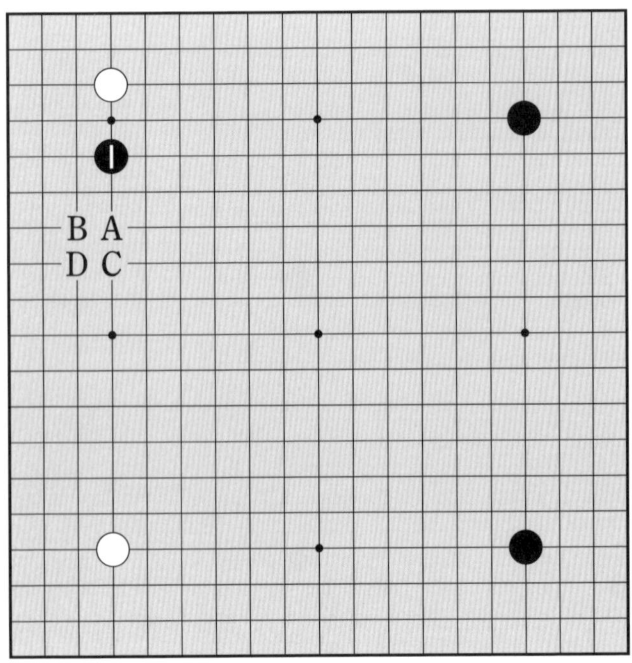

　양화점—소목 대응 포석의 마지막 주제는 흑1의 한칸 걸침에서 협공 이후의 변화이다.

　A~D의 네 가지 협공이 대표적인데 AI의 시각에서 핵심적이고 진화된 포석 변화에 대해 알아본다. 특히 D 의 두칸낮은협공은 그동안 보지 못했던 수법인데 AI의 자유로운 발상을 엿볼 수 있다.

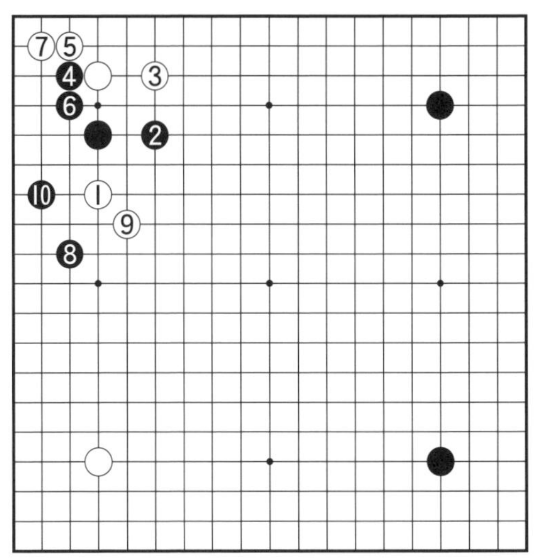

1도(한칸협공에서)

먼저 백1의 한칸협공에 대해 알아보자.

　흑2로 뛰면 이하 10까지 AI의 보편적인 수순으로 기억해둔다.

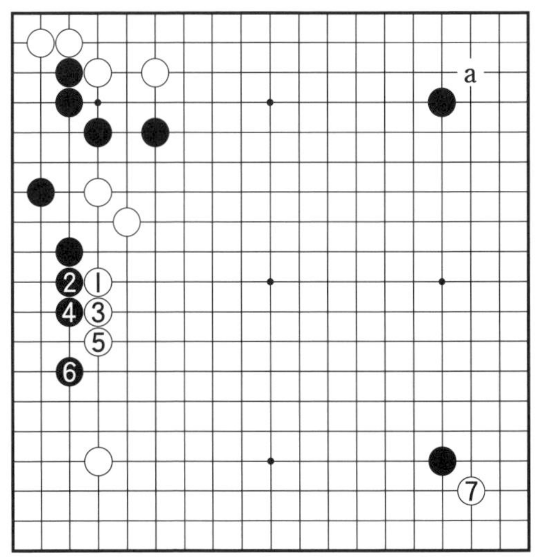

2도(백, 눌러놓고 전환)

이다음 AI의 감각은 백 1 이하 5까지 눌러놓고 7(또는 a)로 전환하면 서로 알기 쉬운 국면이라고 본다.

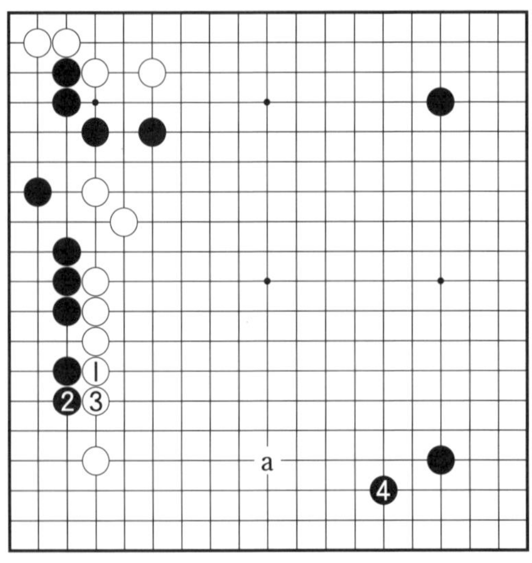

3도(흑, 만족)

앞 그림 흑6 때 백1, 3
으로 틀어막으면 두텁지
만 발이 늦다.

흑이 4의 굳힘이나 a
의 벌림으로 세력을 견
제하면 만족이다.

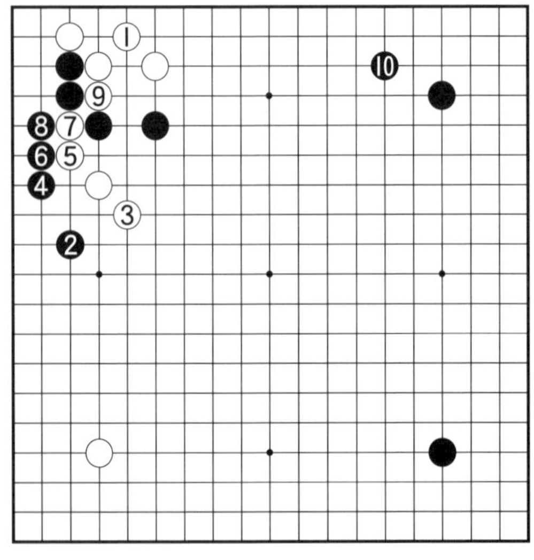

4도(백, 양호구 지킴)

1도 흑6 때 백1의 양호
구로 단단하게 지키면
흑2, 4에 백5 이하 9로
끊을 수 있다.

다만 이렇게 진행되
어도 흑10으로 굳히면
실리에서 앞서며 싸우는
맛도 남긴 흑이 약간 편
하다고 본다.

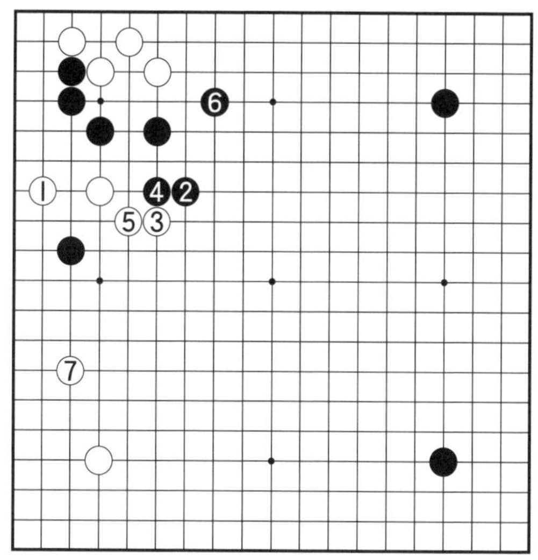

5도(차단하며 싸움)

앞 그림 흑2 때 백도 1
로 차단하며 싸울 수 있
다. 이하 7까지 유력한
변화인데 서로 예측불허
이다.

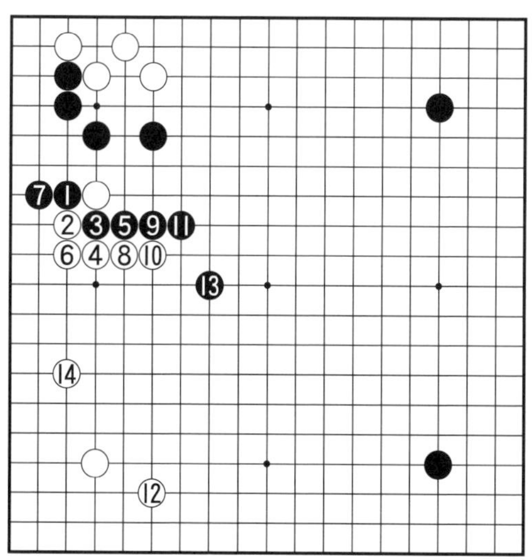

6도(흑의 일책)

이 모양에서는 흑1, 3의
맞끊음도 일책이다. 이
하 14까지는 AI의 유력
한 변화인데 흑이 약간
활발한 정도로 본다.

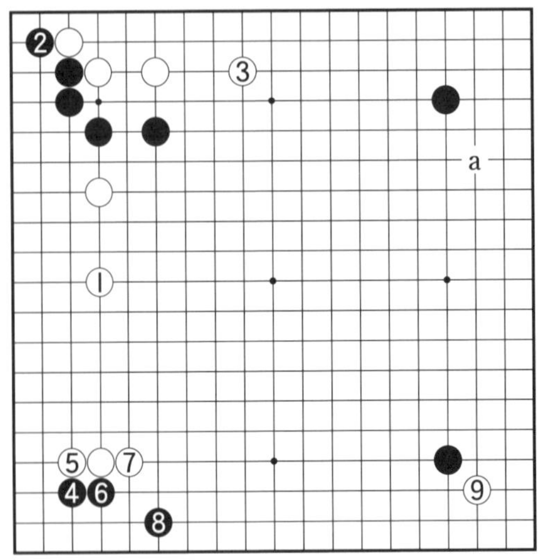

7도(백, 변에 벌림)

1도 흑6 때 백이 귀에서 받지 않고 1의 벌림도 하나의 방안이다.

흑2에 백3으로 안정한 후 9의 침입(또는 a의 걸침)까지 AI의 보편적인 진행이 되면 서로 무난한 국면이다.

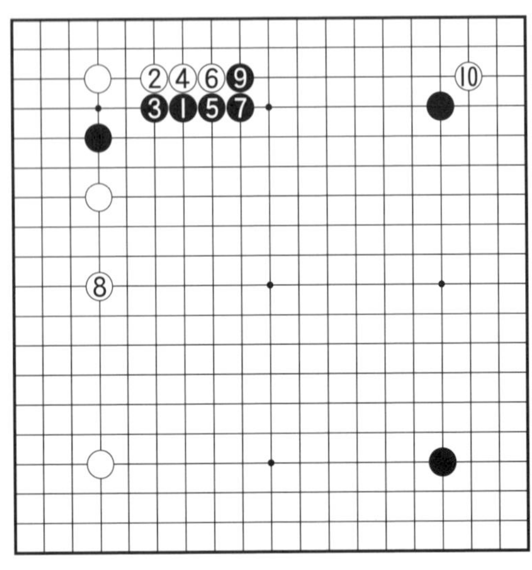

8도(흑, 눈목자씌움)

거슬러 올라가 흑1의 눈목자씌움에는 백2의 한 칸 행마가 간명하다.

흑3에 백4, 6으로 밀어놓고 8로 벌리면 무난하다. 흑9의 막음이 두텁지만 다음 백이 10으로 전환하면 거의 대등한 형세이다.

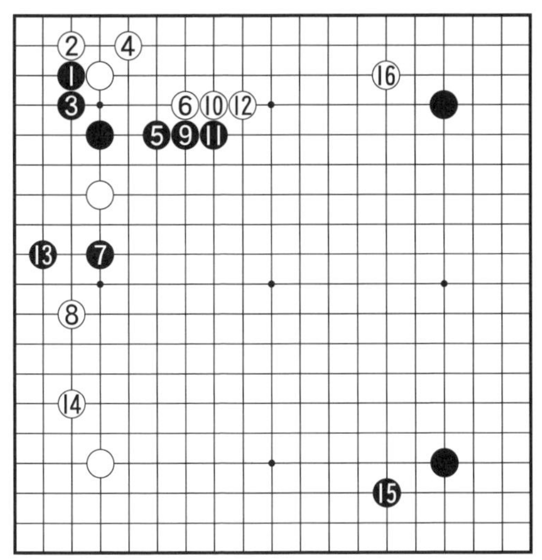

9도(처음부터 귀에 붙임)

정작 AI는 처음부터 흑 1의 귀쪽 붙임도 유력하다고 본다.

백2, 4에 흑5, 7의 협공이면 충분하다는 것인데, 이어지는 16까지의 진행이면 서로 자기 길을 가며 무난한 국면으로 판단한다.

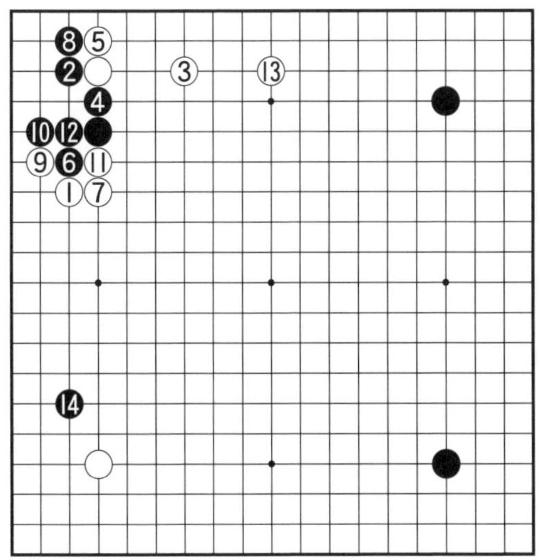

10도(한칸낮은협공에서)

이번에는 백1의 한칸낮은협공에 대해 알아보자. 일단 AI는 흑2의 귀쪽 붙임이 가장 효과적이라고 본다. 다음 백3, 5가 많이 두던 수법인데, 흑도 6 이하 12까지 귀가 견실하다. 백13으로 보강할 때 흑이 14로 걸치면 충분하다.

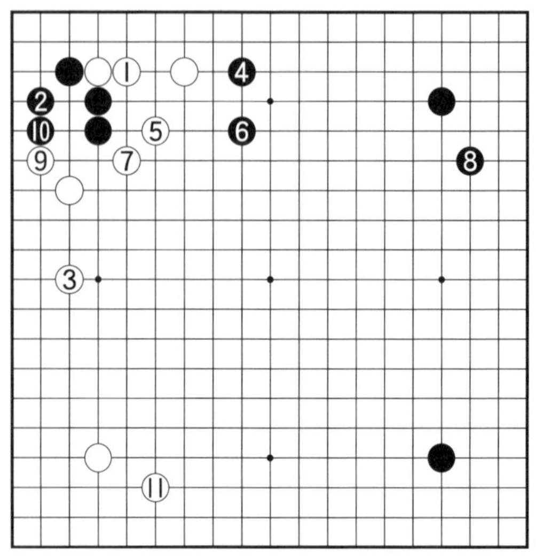

앞 그림 흑4 때 백1로 늘면 단단하지만 흑도 2로 견실하게 안정한 후 백3에 흑4, 6으로 압박해서 국면을 주도한다.

이하 11까지 AI의 유력한 변화이며 서로 진영을 구축해서 맞서는 포석 흐름이다.

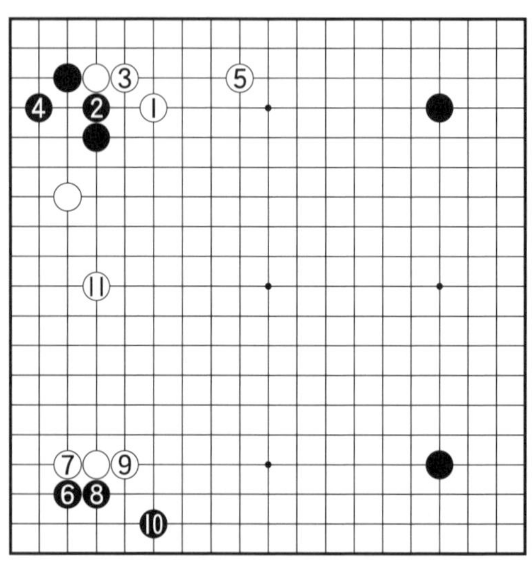

10도 흑2 때 백1의 날일자 행마는 흑2, 4에 백5로 상변에 모양을 잡겠다는 뜻인데 AI 시각에서 10~11도보다 나을 것이 없다.

흑6으로 침입한 후 11까지 서로 안정된 포석 흐름이다.

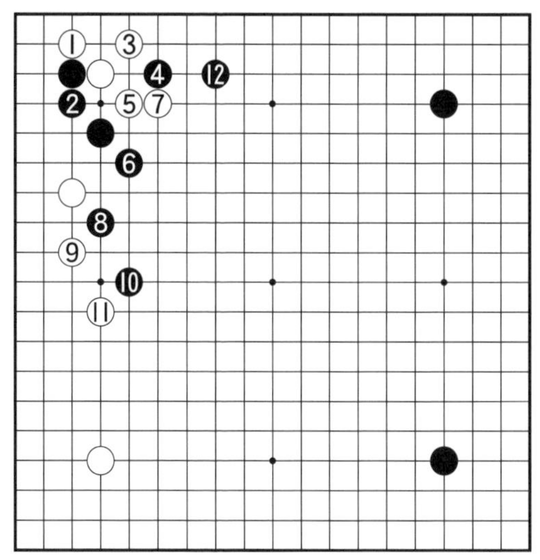

13도(주도적 행마법)

애초 백1, 3의 호구는 가장 안정적 모양의 틀이다.

흑도 4, 6이 효율적 진출이며 이하 12까지 AI가 권하는 흑의 주도적 행마법이다.

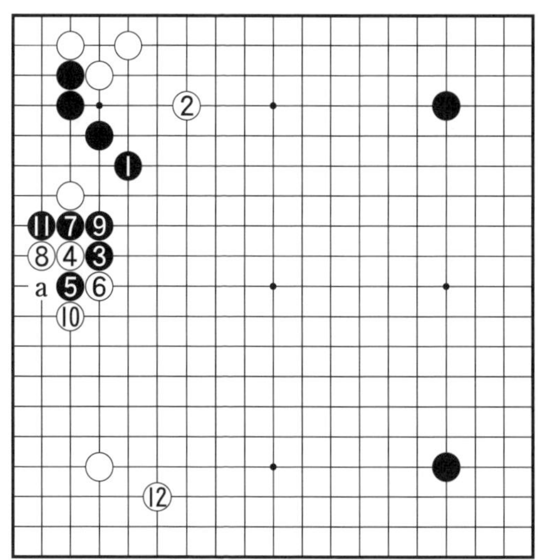

14도(흑의 일책)

앞 그림 백3 때 흑1의 그냥 마늘모도 힘을 비축한 행마이다.

백2로 지키면 흑3의 눈목자 씌움이 일책이며 이하 12까지 AI가 제시하는 변화인데, 백 진영이 구축됐지만 흑도 a의 맛이 남아 충분하다.

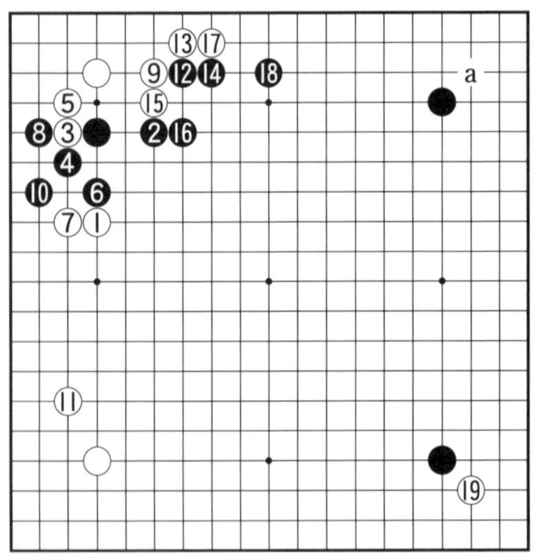

15도(두칸높은협공에서)

이번에는 백1의 두칸높은협공. 우선 흑2로 뛰면 백3으로 붙여 귀를 한껏 차지하며 11까지 좌변도 돌보는 것이 AI의 효율적 감각이다.

흑도 12로 붙여 18까지 상변을 주도하지만 백이 19(또는 a)로 전환하면 불만 없다.

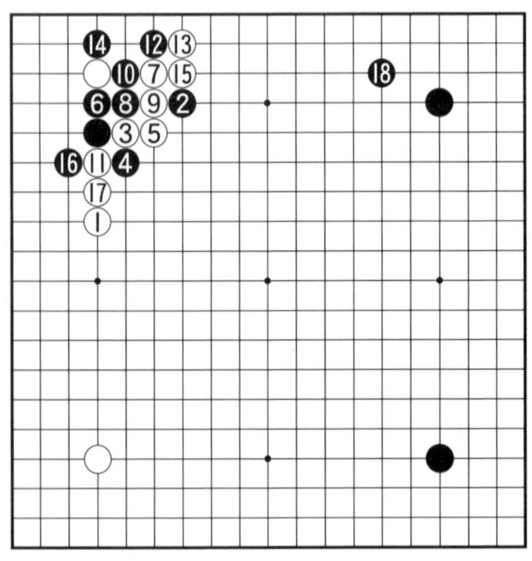

16도(흑, 우세)

백1에 흑2의 눈목자씌움은 상용 수법인데 백3, 5로 붙여 나가면 흑6 이하 16까지 귀의 실리를 차지한 후 18로 백 세력을 견제해서 흑이 우세하다는 것이 AI의 관점이다.

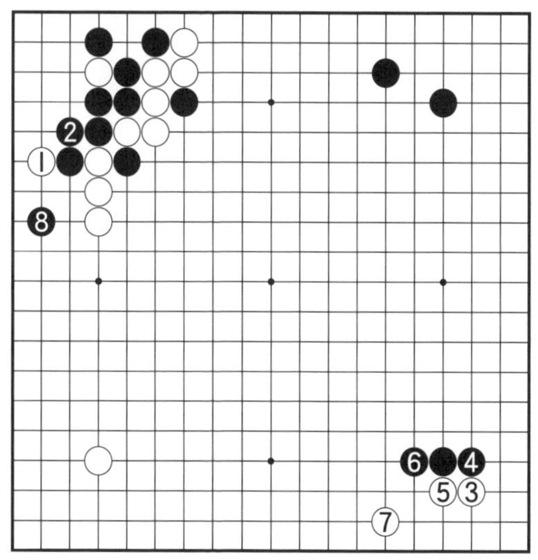

17도(흑이 앞서는 변화)

이다음 백1의 붙임이 맥점이며 흑2로 물러선 후 8까지 유력한 변화인데 흑이 계속 앞서는 형세이다. 수순 중 흑8의 달림은 실리와 더불어 좌변 진출을 엿보는 요소이다.

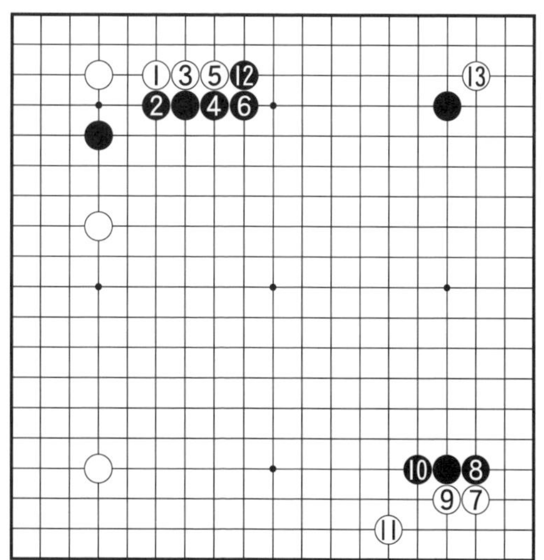

18도(백, 무난한 대응)

16도 흑2 때 백1의 한칸이면 무난한 대응이다.

흑2에는 백3, 5로 밀어놓고 7로 전환한 후 13까지 AI의 유력한 변화인데 대등한 형세라고 본다.

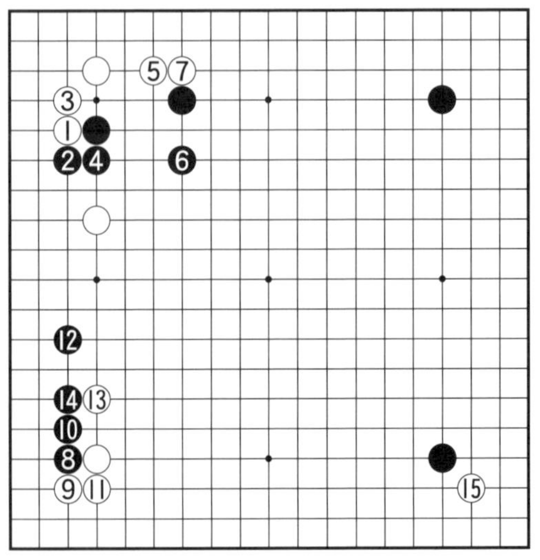

19도(백, 유력한 발상)

백1, 3으로 귀를 최대한 지키고 나서 5의 한칸도 AI의 유력한 발상이다.

백7 때 흑8의 붙임은 세련된 수법이며 이하 15까지 거의 대등한 형세라고 본다.

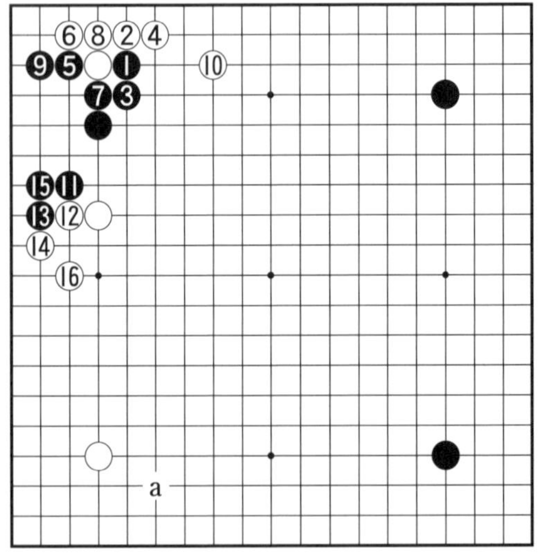

20도(흑, 변쪽 붙임)

되돌아가서 흑1의 변쪽 붙임이면 백2로 젖힌 후 10까지 상용 수순이다.

흑이 11 이하 15까지 안정하면 백도 16으로 좌변에 모양을 갖추거나 a로 굳혀 충분하다.

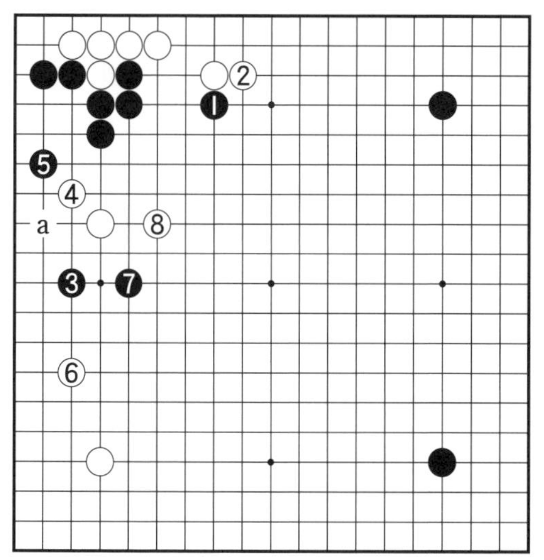

21도(치열한 싸움)

이 상황에서 흑이 치열하게 둔다면 1로 활용해 놓고 3의 협공이 능동적 방법이다.

백4에 흑5는 근거의 요소이며 a로 넘는 맛도 겸한다. 다음 백6, 8로 동행하면 서로 어려운 싸움이다.

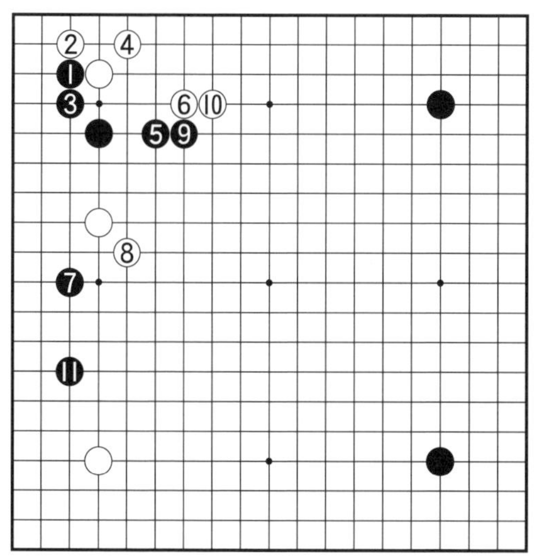

22도(일순위 귀쪽 붙임)

처음부터 흑1의 귀쪽 붙임이 AI의 일순위 추천 수이다.

백2, 4로 받은 후 11까지 무난한 변화이며 서로 팽팽한 싸움이다.

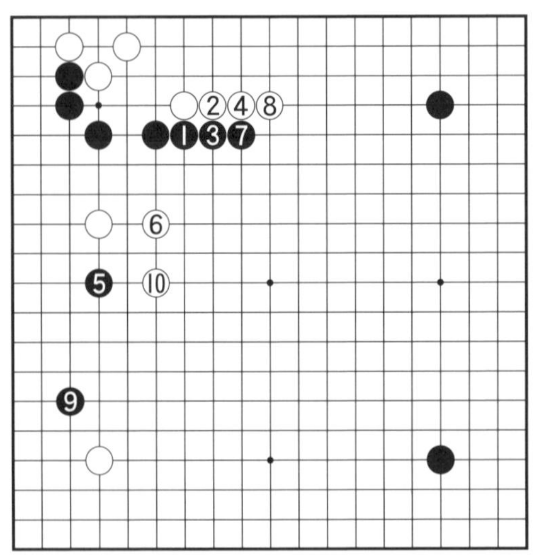

앞 그림 백6 때 이번에는 흑1, 3으로 먼저 밀고 5로 높게 협공했다.

다음 백6으로 뛰고 이하 10까지 싸워나가는 변화도 AI의 대범한 착상이다.

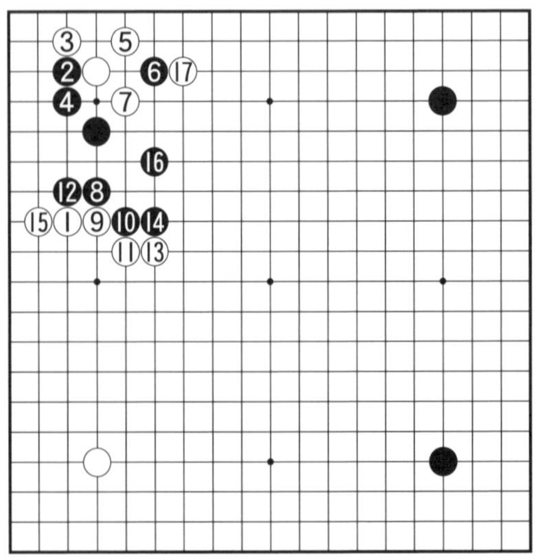

마지막으로 백1의 두칸 낮은협공은 생소하지만 AI가 개발한 실전적 수법이다.

흑2, 4로 귀를 먼저 처리하고 나서 이하 17까지는 서로 모양을 갖추는 정리법이다.

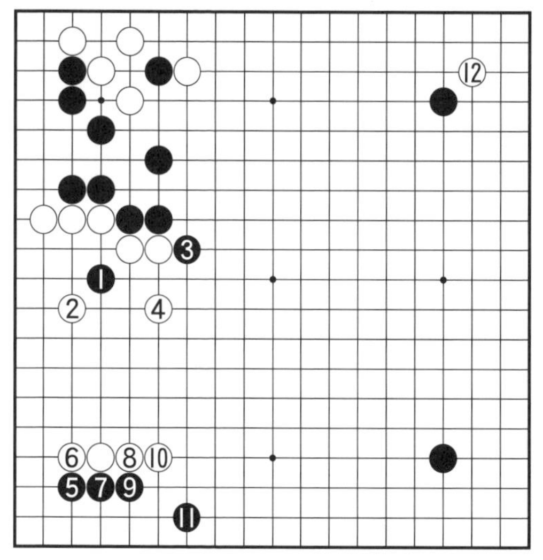

25도(모범 변화)

이다음 흑1을 활용해서 3의 선수를 얻은 다음 5로 침입하는 과정이 부드럽다. 이하 12까지 AI가 제시하는 모범 변화인데 서로 어울린 형세로 본다.

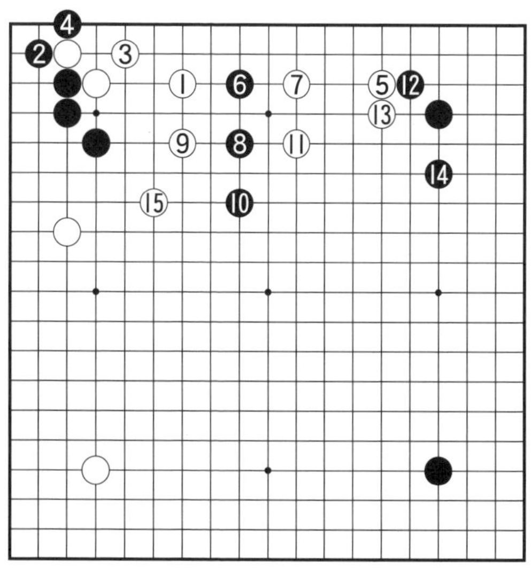

26도(두칸벌림도 일책)

24도 흑4 때 백1의 두칸벌림도 일책이다. 흑2에 백3으로 탄력을 준 다음 5의 걸침은 AI의 주도적 발상이다.

흑6으로 침입한 후 15까지 치열한 공방이지만, 서로 모양을 정리해가며 팽팽한 싸움으로 본다.

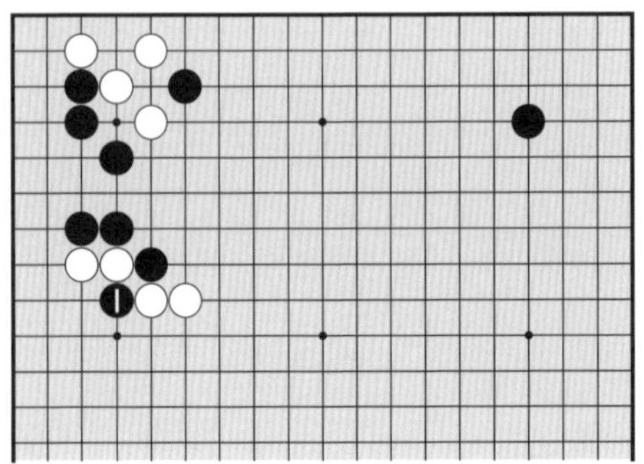

▦ 장면

이 장면(본형 24도 참조)에서 흑1로 끊으면 백의 대응책은 무엇인지 생각해보자.

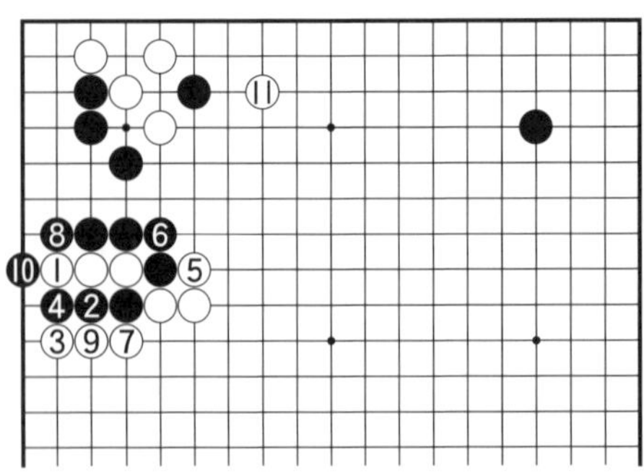

1도(백, 사석작전)

백1로 키워 석점을 사석으로 9까지 조인 후 11로 상변을 지키면 알기 쉽다.

실리는 허용했지만 백은 두터움으로 대항할 수 있다.

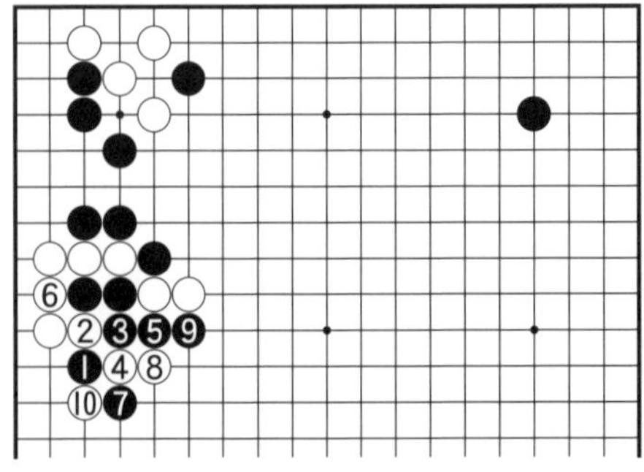

2도(백, 충분한 국면)

앞 그림 백3 때 흑1로 씌우면 백2, 4로 나와 끊는 것이 효과적 대응이다.

이하 10까지 흑 한점을 잡으며 좌변을 제압하면 백이 충분한 국면이다.

2부

AI시대
삼연성 포석

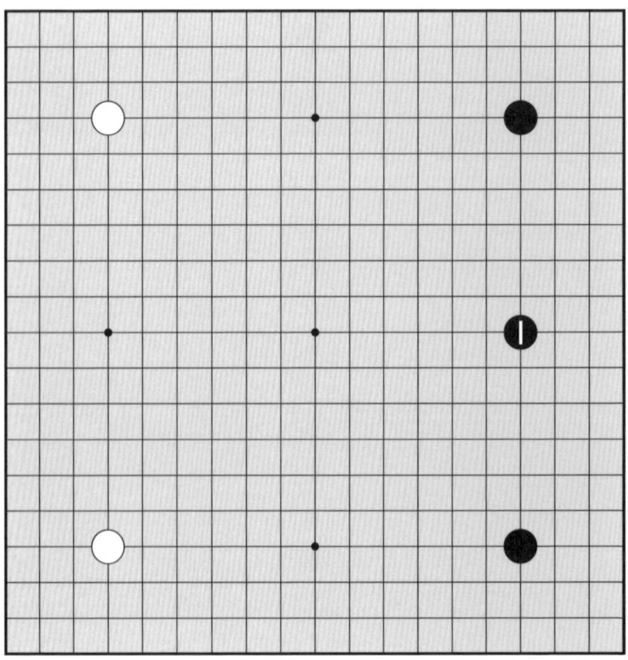

　양화점에서 흑1이면 삼연성 포석인데 세력 확장에 뜻을 둔다. 정작 AI는 귀를 최우선 순위에 두기 때문에 권하지 않지만, 실전에서는 이후 진행에 따라 우열이 정해지므로 여러 상황에서 AI 시각을 토대로 세력 운영과 대응법에 초점을 둔다.

　출발은 기본 상황에서의 포석 변화부터 알아본다.

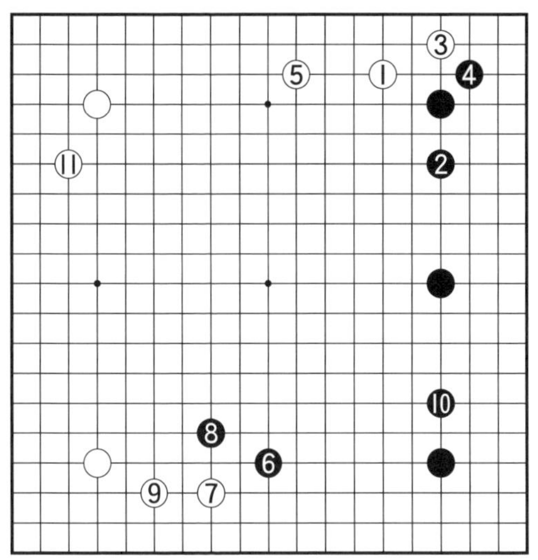

1도(예전 포석의 평가)

백1의 걸침에는 흑2의 한칸받음이 보통이며 이하 11까지는 예전에 유행했던 변화였다.

이 결과를 놓고 AI의 시각은 흑이 폭은 넓지만 편중된 반면, 곳곳의 요소를 점거하며 실속을 차린 백이 활발한 진행이라고 본다.

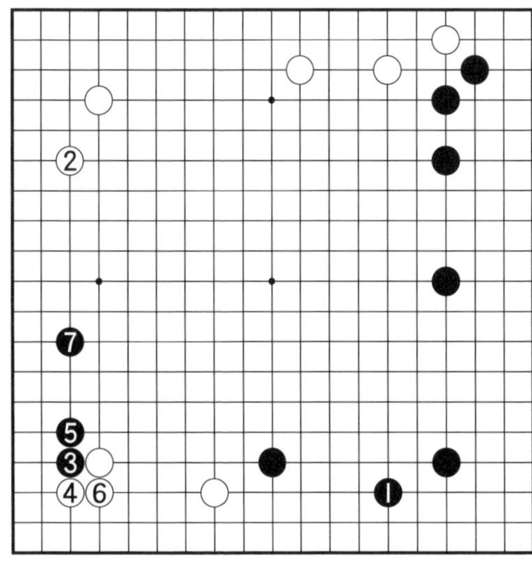

2도(불변의 공식)

앞 그림 백7 때 AI의 진단은 흑1로 차분히 굳힌 다음 백2에 흑3 이하 7로 귀에 기대서 좌변에 모양을 갖추면 거의 대등한 국면으로 본다.

무엇보다 바둑은 귀→변→중앙 순이라는 불변의 공식을 일깨우는 듯하다.

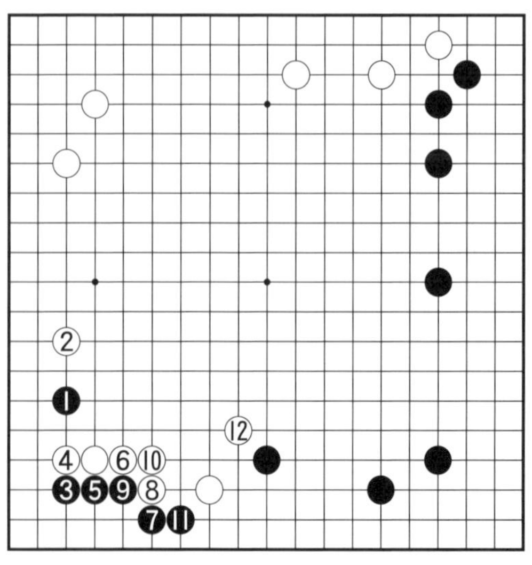

3도(백, 효과적 협공)

귀의 공방에서 만일 흑1로 걸치면 백도 2로 협공하는 것이 효과적이다. 흑3의 침입 후 12까지 AI의 변화도인데 백이 귀의 실리는 허용해도 좌변을 주도적으로 경영하면 약간 활발하다고 본다.

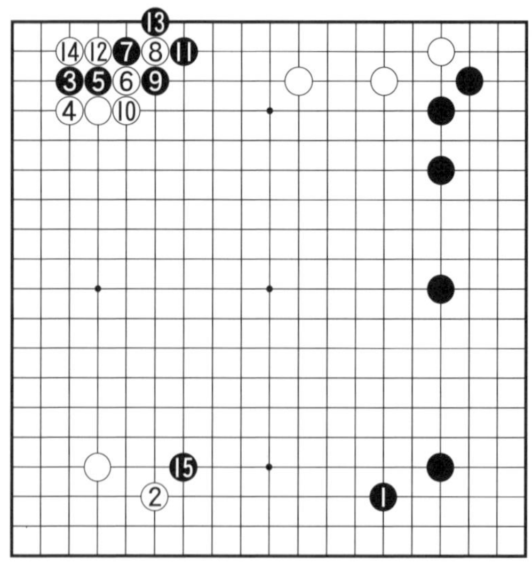

4도(흑, 안정적 굳힘)

거슬러 올라가 1도 백5 때 귀를 중시하는 AI는 흑1의 굳힘부터 두는 것이 안정적이라 본다.

이하 15까지 유력한 변화인데 거의 대등한 국면이다.

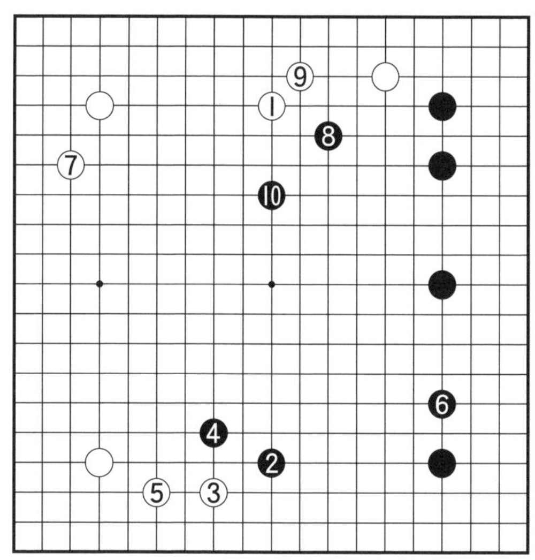

5도(유행했던 포석)

1도 흑2 때 백1로 벌린 후 7까지 되고나서 흑8, 10의 밭전자로 영역을 넓히는 포석 변화도 한때 유행했다.

이 진행에 대한 AI의 진단도 알아보자.

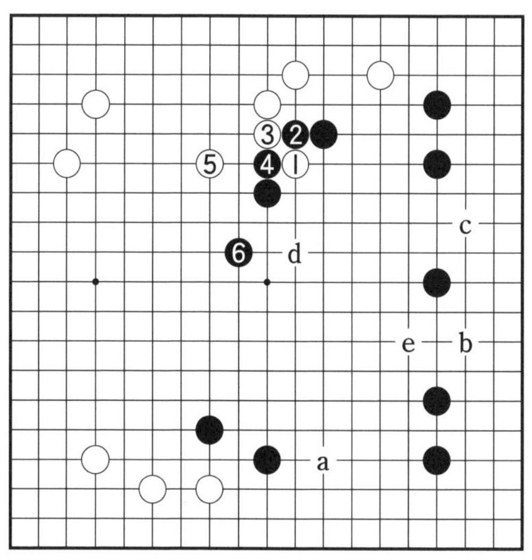

6도(백, 우세)

밭전자 행마의 효력은 백1로 가운데를 가르면 흑2, 4로 끊긴다는 것인데 AI는 다음 백이 5로 상변을 키우면 충분하다는 진단이다. 흑6에 넓혀도 백이 a~e 어디든 뛰어들어 타개하면 우세하다고 본다.

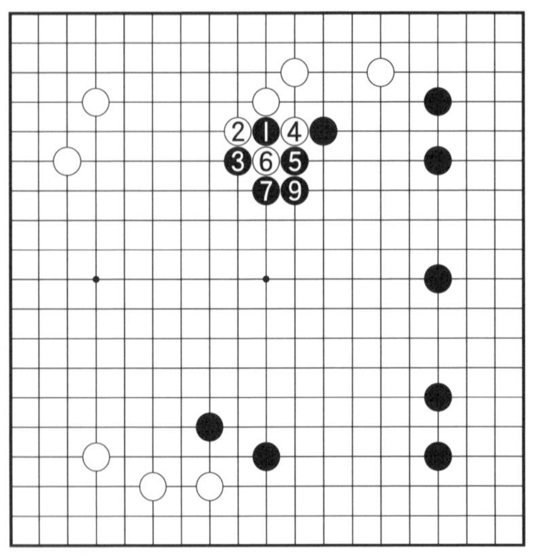

7도(흑이 망한 수준)

5도 백9 때 흑1, 3으로 젖힌 후 9까지 중앙을 틀어막는 것도 확실한 세력 구축법으로 알려졌지만, AI 시각에서는 상변 백 모양이 상당해서 흑이 거의 망한 수준으로 본다.

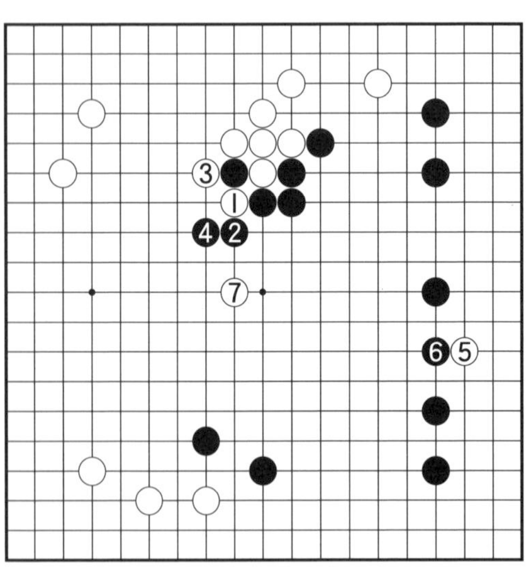

8도(맛을 남기며 삭감)

이다음 백1, 3으로 한점을 잡고 5로 침투해서 안에서 사는 맛을 남긴 후 7로 삭감하는 정도로 백이 크게 우세한 형세이다.

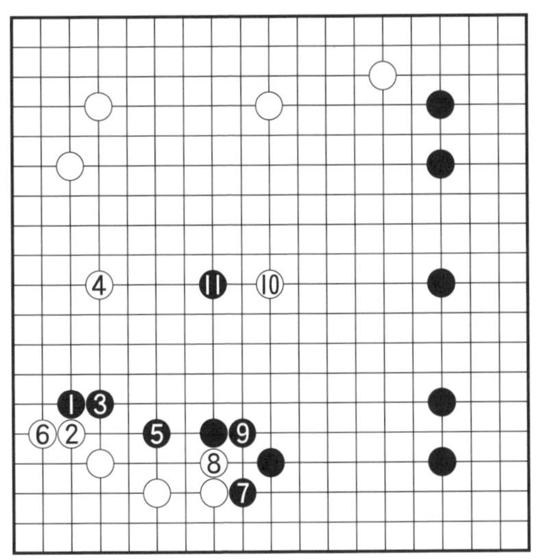

9도(유력한 걸침)

5도 백7까지 된 상황에서 AI의 눈에 가장 큰 자리는 어디일까.

좌변 흑1의 걸침이 유력하며 이하 11까지 이어지는 변화인데 백이 활발하기는 해도 이제부터 변수가 많아 갈 길이 멀다.

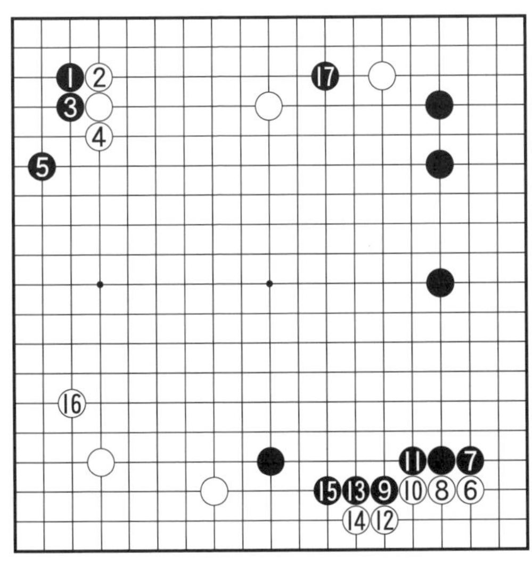

10도(서로 3三침입)

거슬러 올라가 5도 백3 때 흑1의 침입이 AI시대에 걸맞다. 백도 2, 4로 간명하게 처리한 후 6으로 침입해서 맞장구를 친다.

이하 16까지 무난하며 흑17로 침입하면 서로 긴장을 늦출 수 없는 싸움이다.

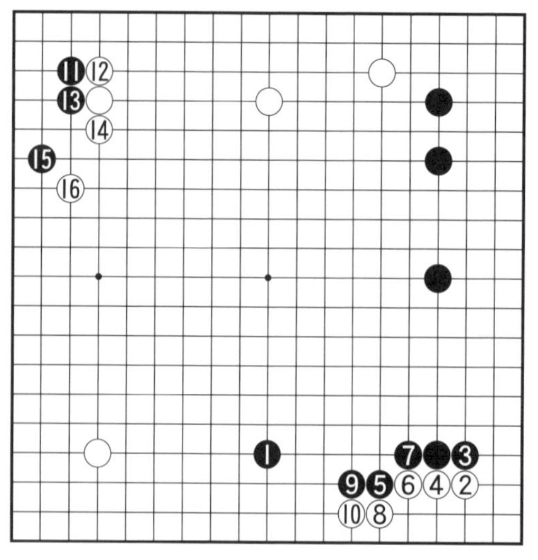

11도(벌릴 때 침입)

흑1로 벌릴 때 AI의 눈에는 곧장 백2의 침입이 효과적이다.

이하 백10 때 흑11로 침입하면 이번에는 백이 16까지 세력을 쌓아 활발한 형세라고 본다.

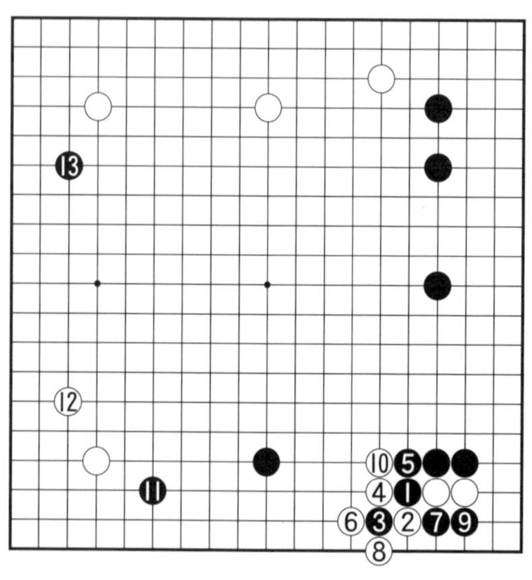

12도(흑, 실리로 전환)

앞 그림 백4 때 흑은 1로 젖힌 후 9까지 귀를 차지해 실리로 전환할 수 있다.

백10이 요소이며 흑 11, 13의 큰 자리로 향하지만 AI 안목에서 형세는 역시 백이 활발하다고 본다.

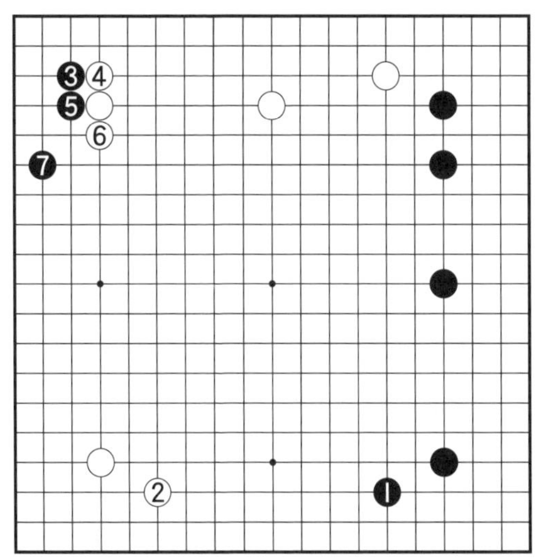

13도(흑, 안정적 굳힘)

흑도 3三침입을 방어하
려면 벌림보다 1의 굳힘
이 안정적이다.

백2로 굳히면 흑3으
로 침입해서 이하 7까지
거의 균형이 잡힌 형세
이다.

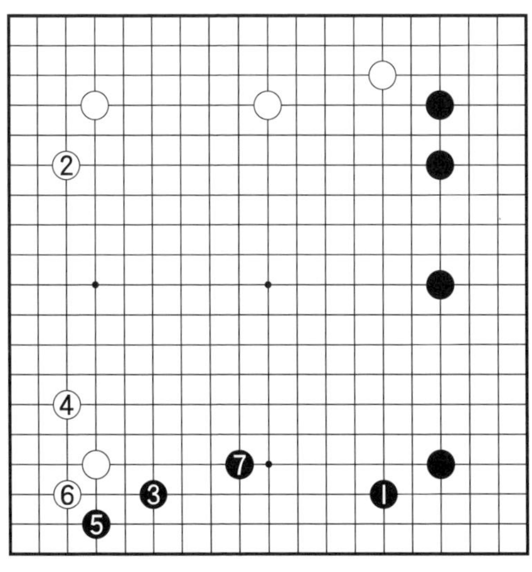

14도(입체적 모양 확장)

흑1에 백2쪽 굳힘인 경
우에는 흑이 3 이하 7까
지 하변에 모양을 확장
하는 것이 입체적이며
형세는 어울렸다.

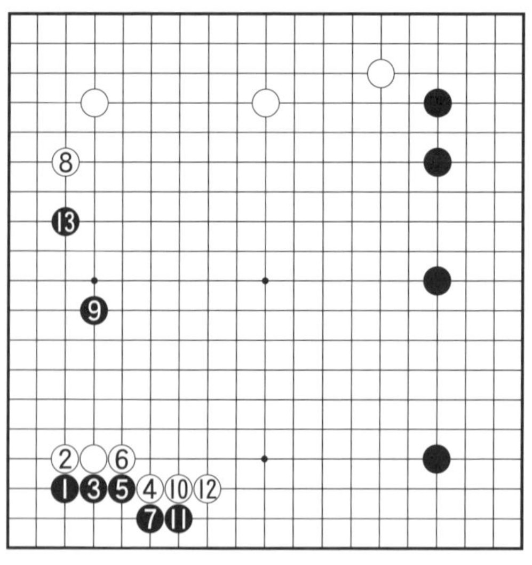

15도(일순위 침입)

이 상황에서 AI라면 흑이 굳힘보다 1의 침입부터 두는 것이 일순위 선택이다.

이하 13까지 진행되면 거의 대등한 국면이라고 본다.

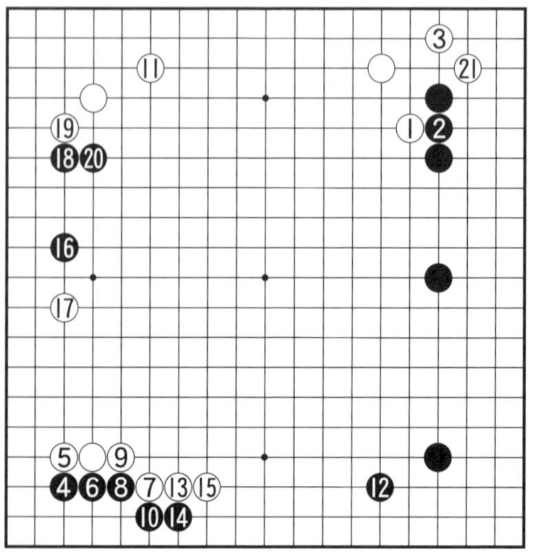

16도(전용 활용 후 달림)

되돌아가서 백1, 3은 AI의 전용 활용 후 달림이다. 흑4의 침입으로 전환한 후 21까지 모범 변화인데 백이 국면을 주도하는 만큼 약간 편한 정도로 본다.

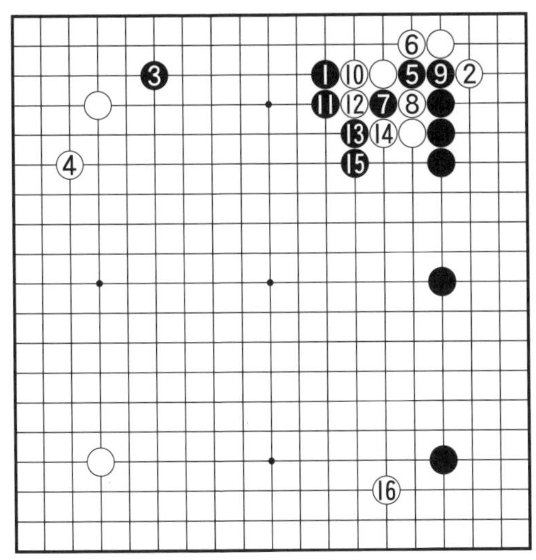

17도(엷은 봉쇄)

앞 그림 백3 때 흑이 상변을 도모하고 싶다면 1, 3을 선수한 후 15까지 봉쇄하는 수법이 있다. 다만 엷은 맛이 남았기 때문에 백이 16으로 걸치기만 해도 앞선 국면이다.

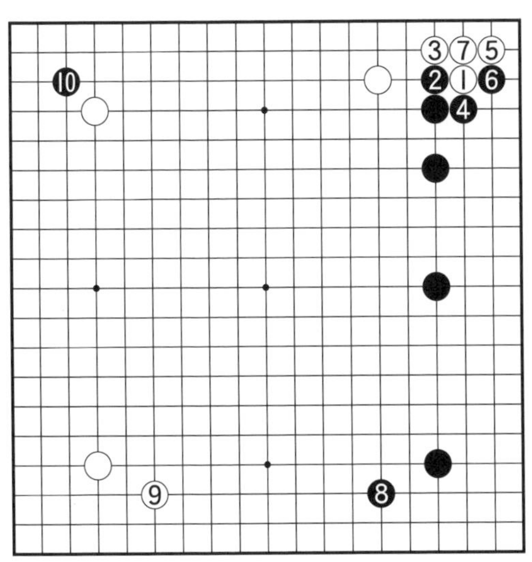

18도(흑, 간명한 처리)

1도 흑2 때 백1의 3三 침입도 생각할 수 있다.

흑이 간명하게 처리하자면 2, 4로 뒤에서 막아 7까지 넘겨준 후 흑8의 굳힘으로 세력을 살린다. 백9에 흑10으로 전환하면 서로 무난한 포석 흐름이다.

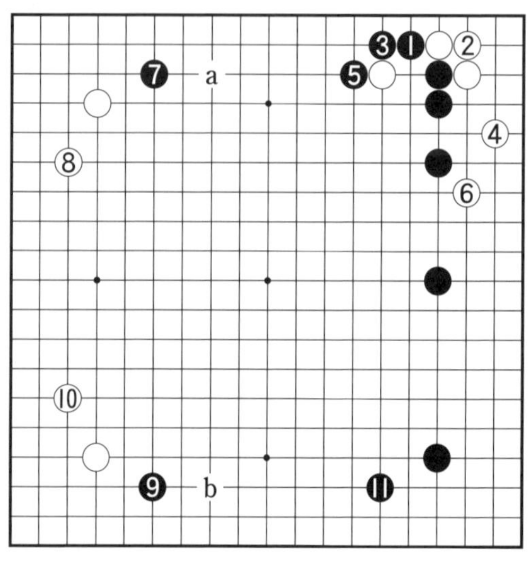

19도(변의 입체적 전략)

앞 그림 백3 때 흑은 1
로 차단한 후 5까지 한
점을 제압할 수도 있다.
백6으로 진출하면 흑7,
9로 걸치고 나서 11의
굳힘은 AI가 제시하는
변의 입체적 전략이다.

다음 백도 a나 b로 협
공하면 불만 없는 형세
이다.

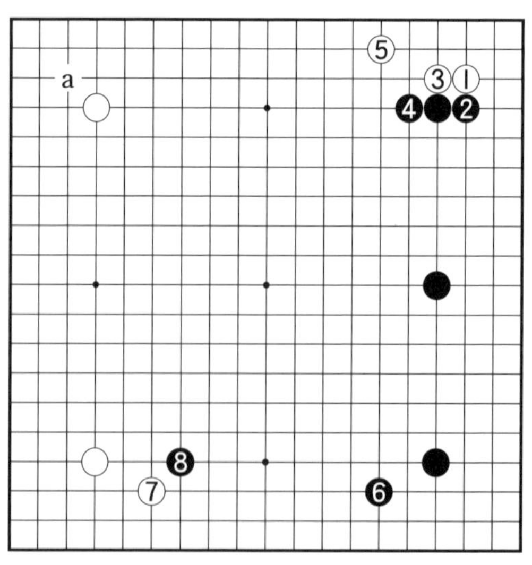

20도(처음부터 3三침입)

삼연성 포석에서도 AI
감각이라면 처음부터 백
1의 3三침입을 마다하
지 않는다. 이하 5까지
된 다음 흑이 세력을 살
린다면 6, 8로 확장한
다. 물론 흑8은 a의 침
입도 실전적이며 어디에
두든 백이 약간 편한 정
도로 본다.

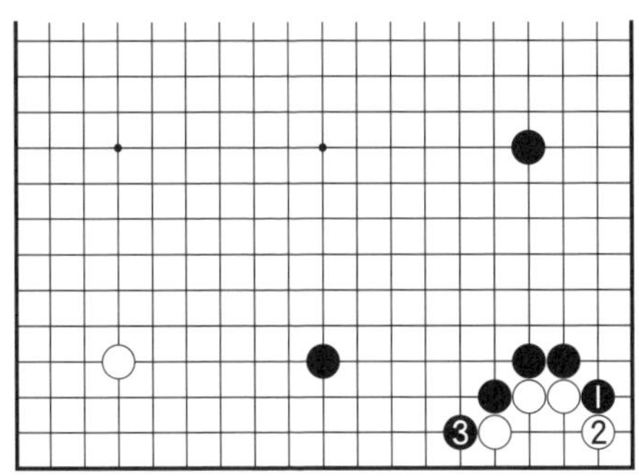

▦ 장면

우하귀(본형 12도 참조) 흑 1로 먼저 젖힌 후 3으로 이 단젖힌 장면이다.

흑이 노림을 품고 기교를 부린 모습인데 백의 효과적인 대응책을 생각해보자.

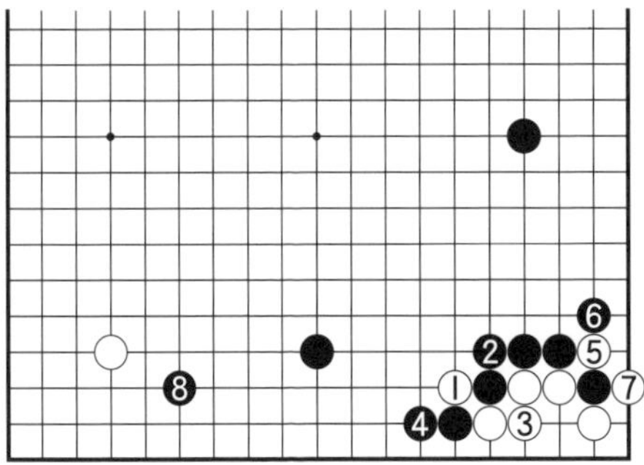

1도(흑의 의도)

백1로 끊고 3으로 이으면 흑의 의도대로 흘러간다. 흑은 축이 불리하지만 4로 늘고 백5, 7에 흑8로 걸치면 흑이 주도하는 국면이다.

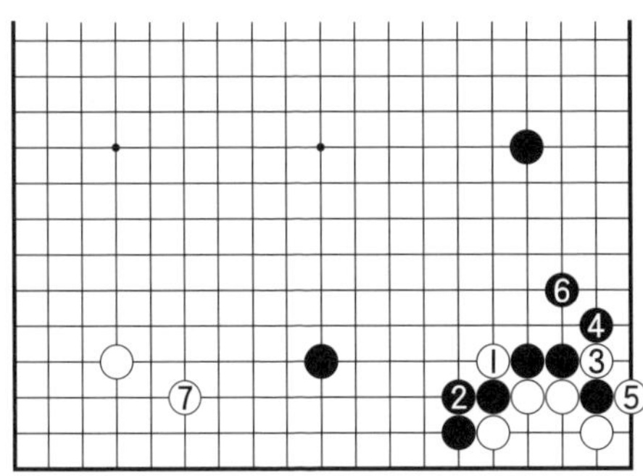

2도(백, 효과적 응징법)

백1로 위에서 끊어 단점을 만들어놓고 3, 5로 잡는 것이 상대를 응징하는 효과적 수순이다. 흑6 지킴에 백7로 굳혀 흑세의 발전을 제한하면 백이 우세한 국면이다.

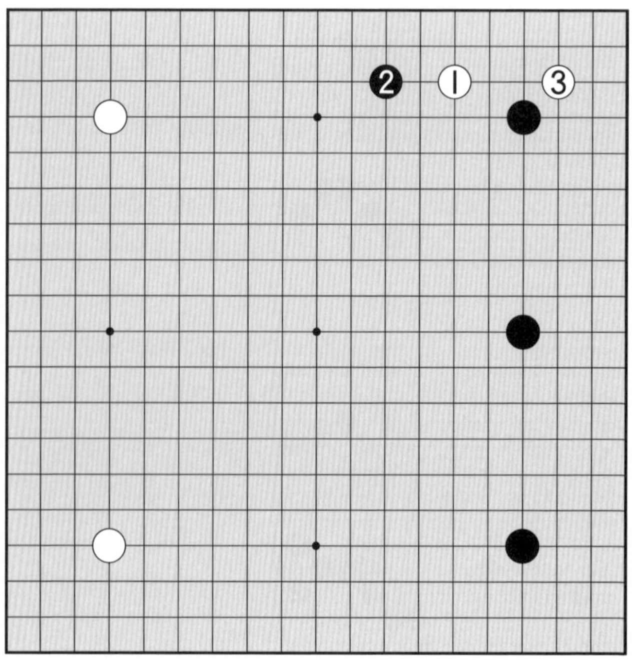

　　삼연성 포석에서 백1의 걸침에 흑2의 한칸협공은 효
과적인 공격으로 그동안 애용했던 수법이다. 이때 백3의
3三침입은 가장 보편적인 대응인데 이후의 포석 변화에
대해 알아본다.

　　더불어 그동안 상식으로 알고 있던 변화들이 AI의 진
단으로 달라진 점도 주목해야 한다.

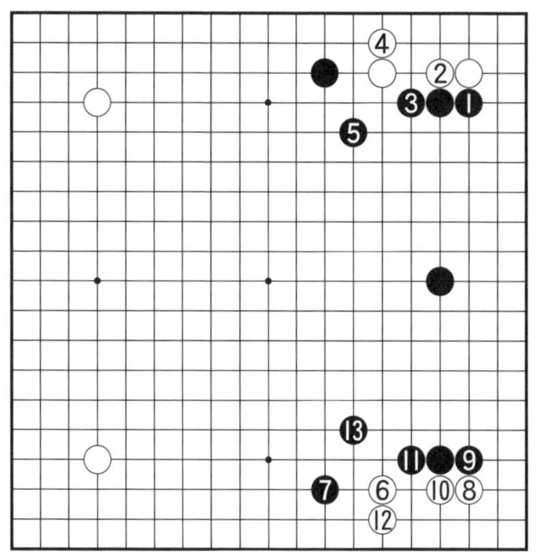

1도(백의 엷은 자세)

기본형 다음 흑1, 3에 백4의 차렷 지킴은 한때 많이 사용했지만 AI 시각에서는 엷다고 본다.

흑5로 모양을 갖추고 우하귀도 마찬가지로 백6 이하 13까지 진행되면 흑도 두터움으로 충분히 백 실리에 대항할 수 있다.

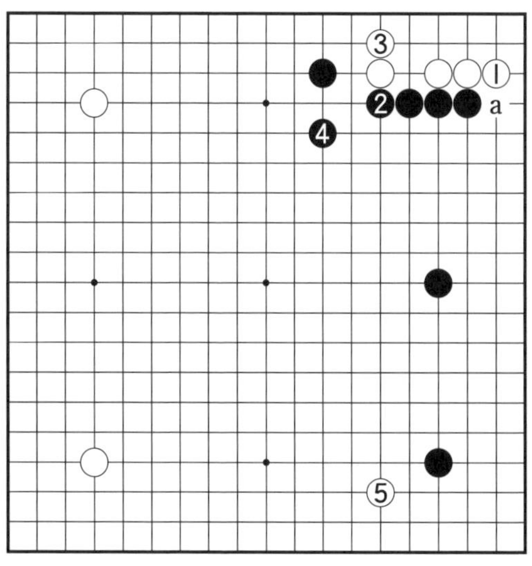

2도(느슨한 방어)

앞 그림 흑3 때 귀쪽 백1의 뻗음이 무난한데 흑2에 백3의 차렷 자세면 역시 느슨하다고 본다.

이때 흑도 4나 a는 모양을 지키는 방안이지만 발이 늦어 백이 5로 걸치기만 해도 편하다는 것이 AI의 진단이다.

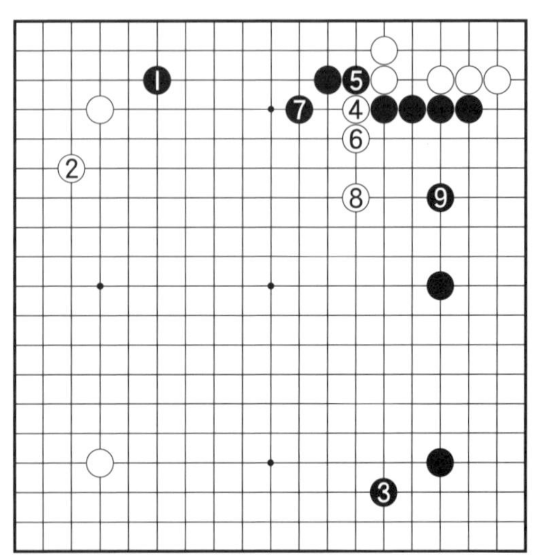

3도(흑, 능동적 감각)

앞 그림 백3 때 흑1, 3
으로 모양의 폭부터 넓
히는 것이 AI의 능동적
감각이다.

백4로 약점을 위협하
면 흑은 5로 끊은 후 9
까지 대등하게 싸울 수
있다.

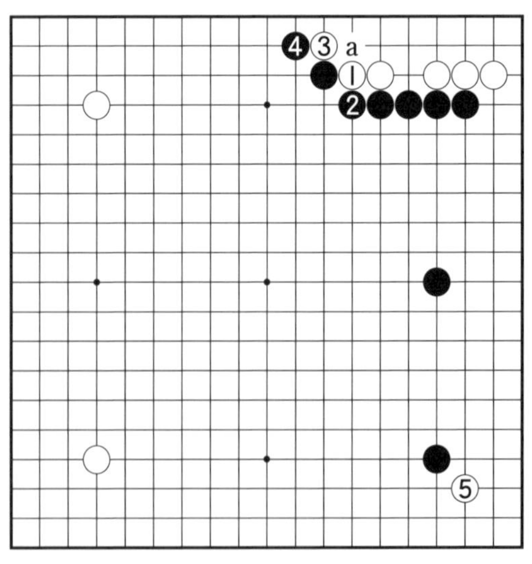

4도(상식을 깨는 행마)

2도 흑2 때 백1, 3으로
막나가는 것이 그동안의
상식을 깨는 행마이다.

흑4의 이단젖힘이 강
력하지만 이때 백이 a로
잇지 않고 5로 전환하면
앞선 국면임을 AI가 선
언한다.

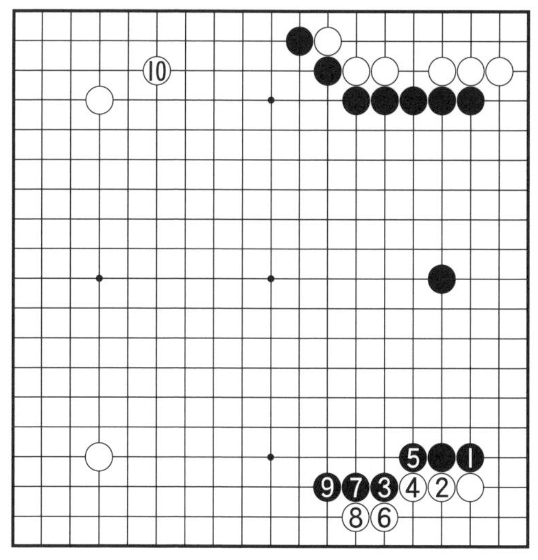

5도(백, 활발)

이다음 흑이 세력을 넓히자면 1로 막은 후 9까지가 보편적인데 백은 10으로 굳히며 실리로 대응하기만 해도 활발한 진행이다.

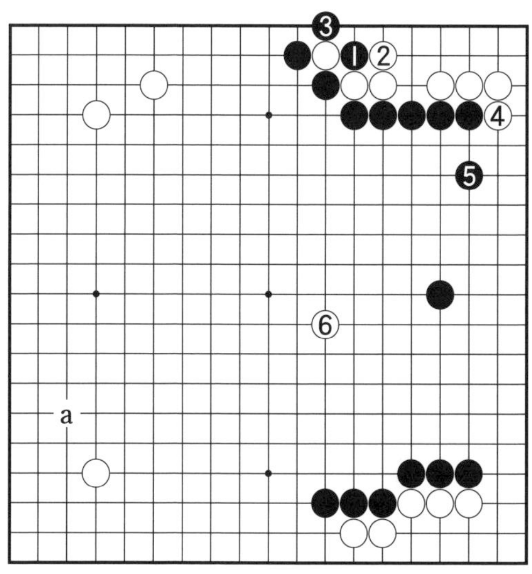

6도(중요한 수순)

계속해서 흑1, 3으로 한 점을 잡으면 백4의 꼬부림을 활용하는 것이 중요한 수순이다. 흑5에 백은 a로 굳혀도 좋고 우변 두터움이 염려되면 6 근처에서 삭감해도 순탄한 형세이다.

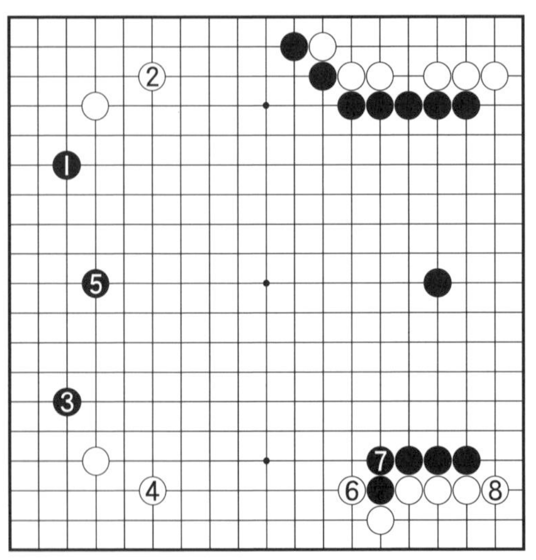

7도(백, 편한 형세)

거슬러 올라가 5도 백6 때 흑이 국면을 전환해서 1 이하 5로 좌변을 개척하면 백은 6, 8로 견실하게 두기만 해도 편한 형세이다.

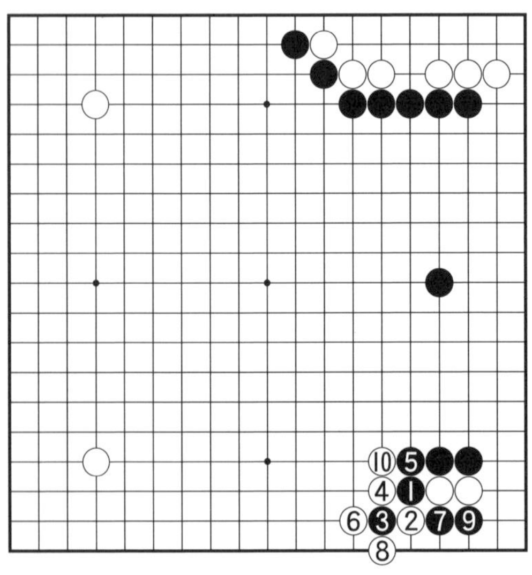

8도(흑, 미흡)

5도 백2 때 흑1, 3으로 이단 젖혀 9까지 귀의 두점을 잡는 것도 정석이지만 이 배석에서는 백10으로 밀어올리기만 해도 흑은 세력이 제한되어 미흡한 진행이다.

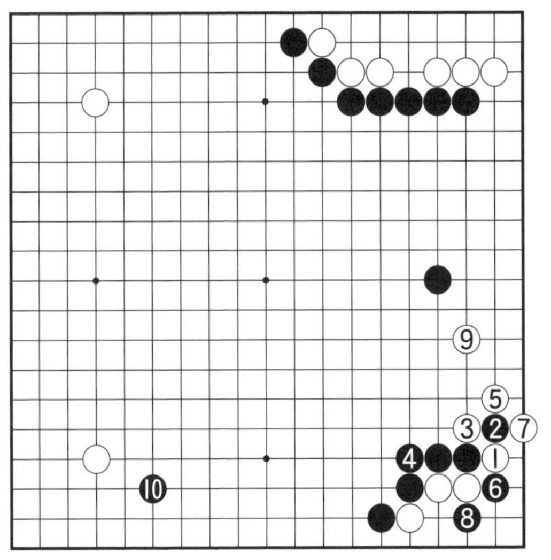

9도(형세 돌변)

앞 그림 흑3 때 백1, 3
으로 반대쪽에서 끊으면
9까지 우변 세력 안으로
침범할 수 있지만 찻잔
의 태풍에 불과하다.

갑자기 형세는 돌변
해서 흑10으로 간명하
게 걸치기만 해도 흑이
우세한 흐름이다.

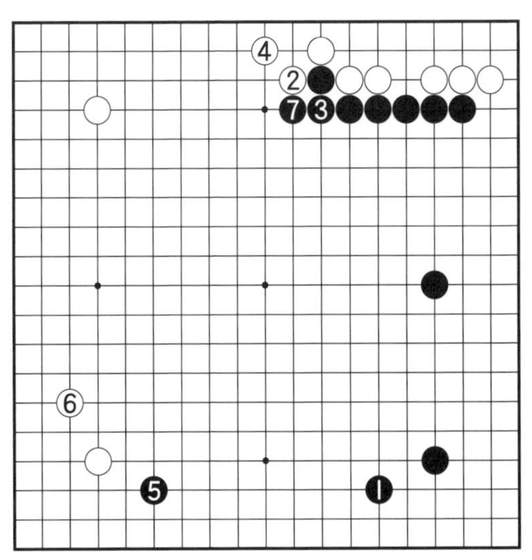

10도(일관된 세력작전)

거슬러 올라가 4도 백3
때 흑이 우변 모양을 살
리자면 1의 굳힘도 일책
이다.

백2, 4로 상변에 진
출하면 흑도 5, 7로 폭
을 넓히며 일관된 세력
작전을 구사할 수 있다.

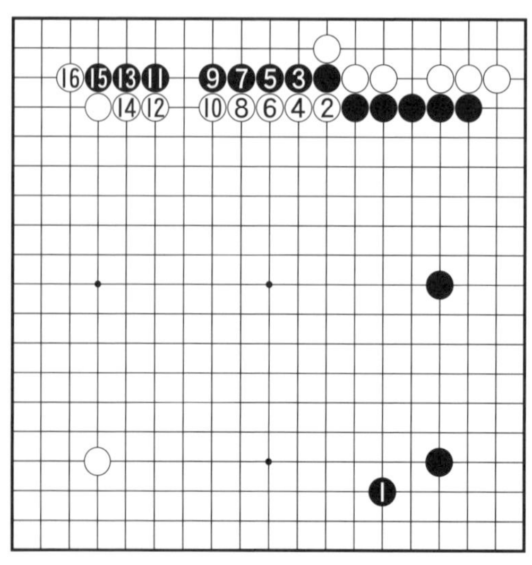

11도(백, 효과적 끊음)

흑이 상변을 받지 않고 1로 전환하면 백2쪽을 끊고 4로 몰아가는 것이 효과적이다.

흑5로 나가서 이하 16까지 틀어 막히면 백이 활발하다는 것이 AI의 진단이다.

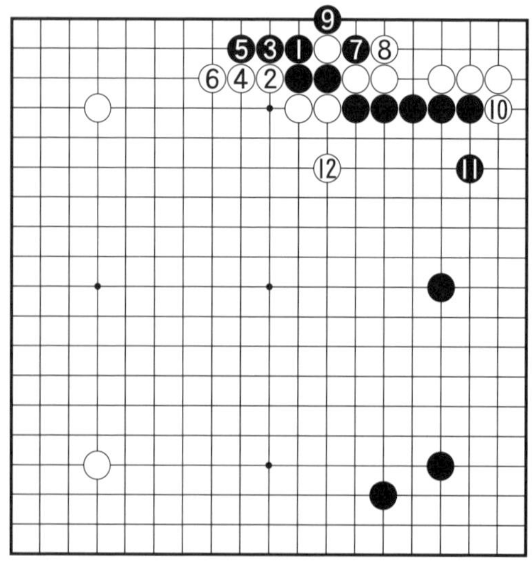

12도(흑, 현명한 삶)

앞 그림 백4 때 흑은 1로 꼬부린 후 9까지 살아두는 것이 현명하다.

백도 10을 선수하고 12로 중앙 대세점을 두면 충분하다.

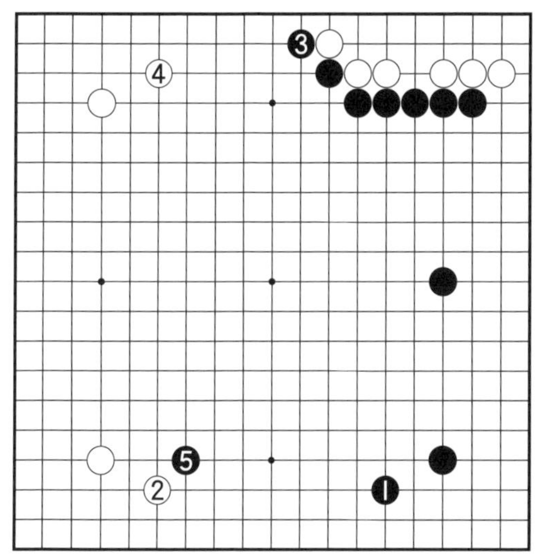

13도(각자의 길)

흑1에 백2의 굳힘도 마주보는 큰 곳인데 이제 흑3의 젖힘은 강력하다.

다음 백4로 굳히고 흑5로 넓히면 각자의 길을 가는 진행인데 AI 안목에서 백이 약간 편한 형세로 본다.

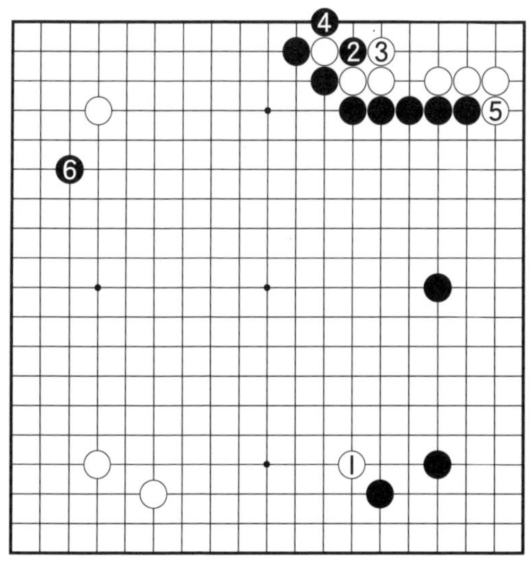

14도(흑세 견제)

앞 그림 흑3 때 백이 먼저 1로 흑세를 견제할 수도 있다.

흑은 2, 4로 한점을 잡고 나서 백5에 흑6으로 전환하는 것이 AI의 능동적 발상인데 형세는 역시 백이 약간 편하다고 본다.

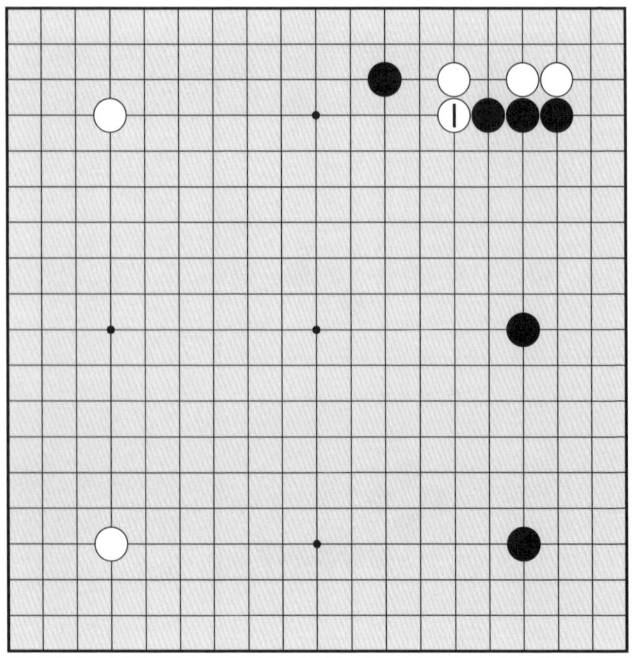

이번에는 한칸협공—3三침입에서 백1로 올라서는 변화에 대해 집중 검토해본다.

중앙에 흠집을 만들어놓고 두겠다는 뜻인데 상황에 따라 나가서 싸우는 진행도 일어날 수 있다. 이후 공방에서 특히 고정관념을 벗어난 효율적 운영법에 초점을 둔다.

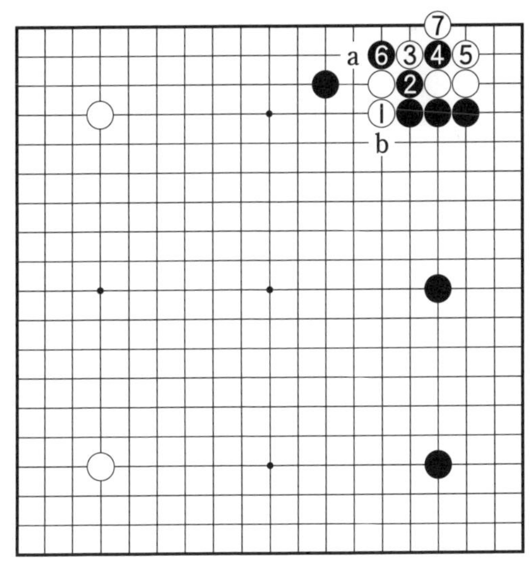

1도(필연)

백1로 올라서면 흑2, 4로 나가끊은 후 7까지는 필연으로 기억해둔다.

다음 흑은 a와 b의 선택을 놓고 시험대에 오른다.

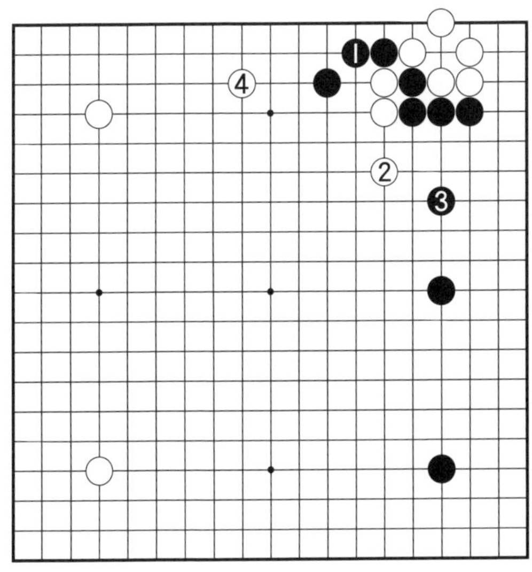

2도(백, 활발)

이다음 흑1로 늘어 뿌리부터 차단하면 어떨까.

일단 백2로 뛰고 나서 흑3에 지킬 때 상변에서 백이 4로 공격하기만 해도 활발하다는 것이 AI의 진단이다.

이 진행은 세력을 지향하는 삼연성 취지에도 어울리지 않는다.

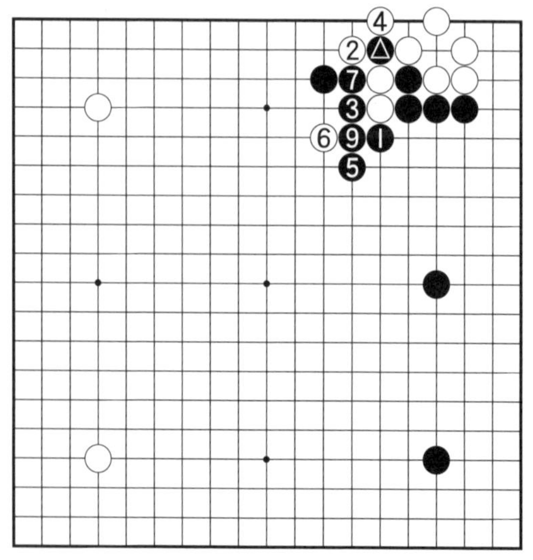

3도(알려진 정석에서)

1도 다음 흑1의 젖힘이 보통이며 이하 9까지 많이 알려진 정석이다.

　수순 중 백6의 활용에 흑도 반발이 있지만 기왕 받는다면 7의 단수 후 9의 이음이 확실하며, AI의 견해로는 일단 실리와 세력 대결로 균형이 잡혔다.

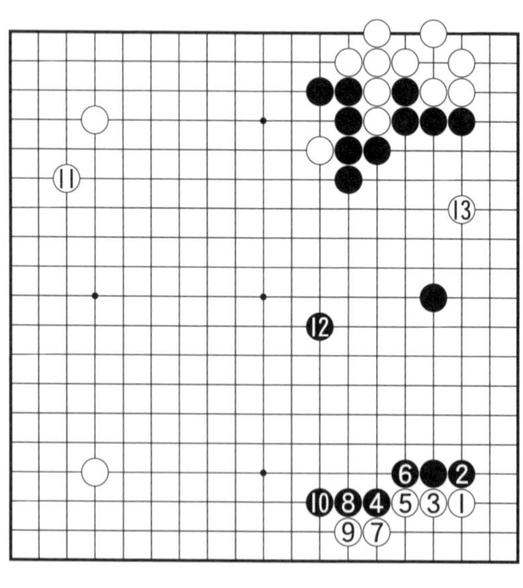

4도(세력삭감 방안)

이다음 백1의 침입에 흑도 세력을 살리자면 2 이하 10까지 모양을 확장한다. 우변 흑진에는 묘한 약점이 남아있는데, 백11의 굳힘 다음 흑12로 모양을 확장하면 백13의 침입이 흑진의 약점을 추궁하는 세력삭감 방안이다.

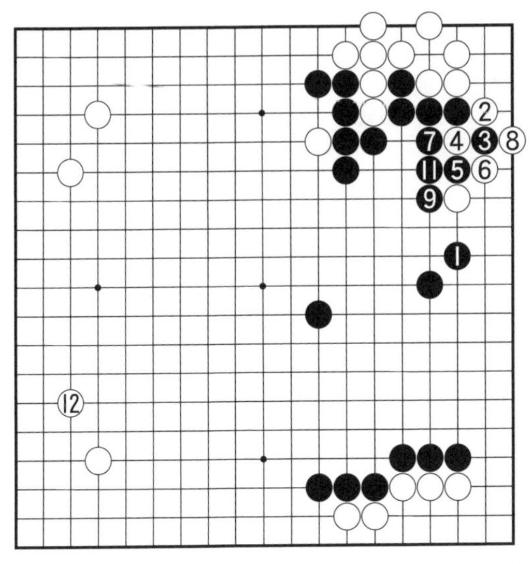

(10)‥(4)

5도(우변 파괴)

이다음 흑1로 근거를 차단하면 백2, 4로 끊는 것이 교묘한 맥이다. 이어 흑5에 백6, 8로 넘으며 11까지 필연이다.

흑 세력이 깊었지만 우변 한쪽이 파괴된 만큼 백12의 굳힘으로 전환하면 백이 실리로 활발한 국면이다.

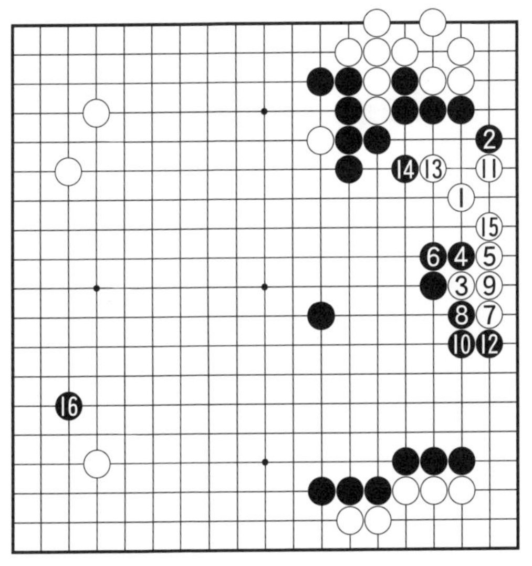

6도(안에서 삶)

백1에 흑2로 귀의 건넘을 방어하면 백3의 붙임으로 타개를 모색하는 것이 일감이다. 흑4로 안쪽에서 추궁하면 백5 이하 15까지 사는 데 어렵지 않다. 앞으로 흑은 세력 활용이 초점인데 일단 16으로 걸쳐 균형이 잡힌 형세이다.

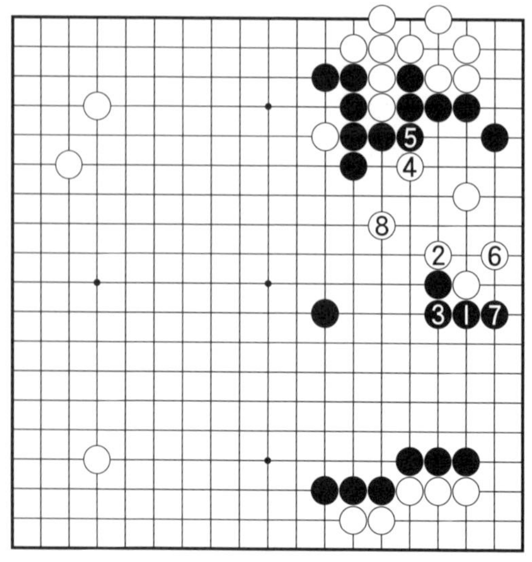

7도(잡기 어렵다)

앞 그림 백3 때 흑1로
바깥에서 추궁하면 백2
로 젖힌 후 8까지 근거
를 갖추고 나가 흑이 잡
기 어려운 만큼 백이 우
세한 진행이다.

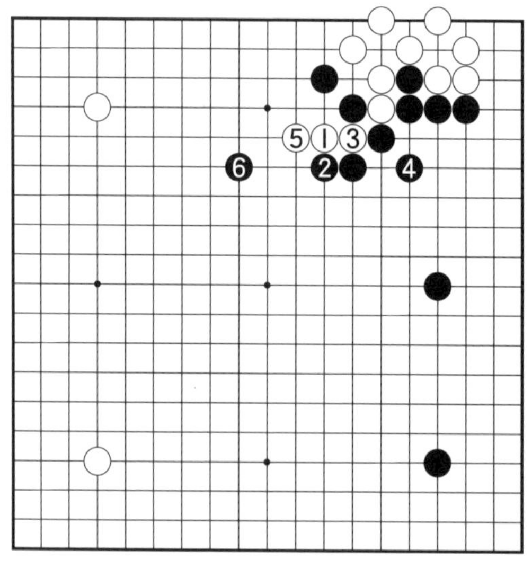

8도(흑, 능동적 반발)

백1로 활용할 때 흑2의
반발도 능동적이다.

이때 백이 손을 빼면
무난한데 3에 끊을 때가
문제이다. 흑4로 받아주
면 백5로 나가 목적 달
성인데, 흑도 이렇게 된
이상 6의 씌움으로 세력
을 살리는 방안도 생각
할 수 있다.

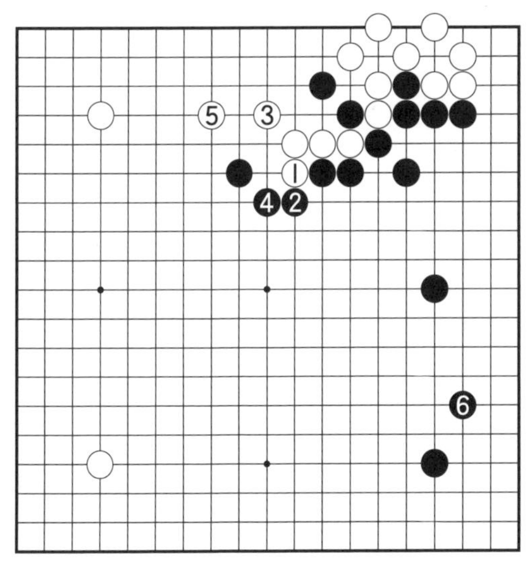

9도(백, 무난한 실리)

이다음 백1, 3으로 참고 흑4에 백5로 상변을 실리로 다스리면 무난하다. AI는 흑의 다음수로 6의 굳힘을 추천하며 형세는 백이 약간 편하다고 본다.

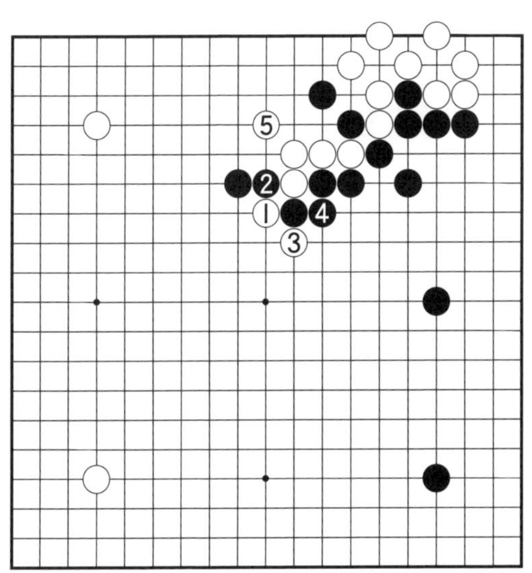

10도(중앙 싸움)

앞 그림 흑2 때 백이 강하게 두자면 1로 젖힌 후 5까지 중앙을 끊고 버틸 수 있다.

서로 어렵지만 냉정한 AI는 실리를 확보하면서 싸우는 백이 순탄하다고 본다.

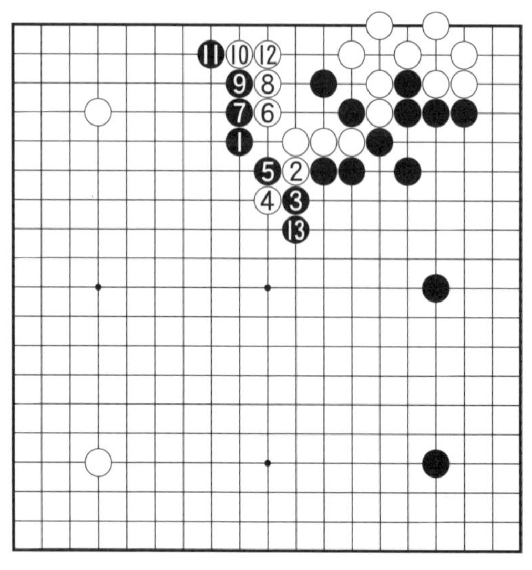

11도(중앙 싸움 유도)

어차피 흑이 중앙 싸움을 유도한다면 1로 상변에 더 접근해서 5까지 끊은 다음 이하 13까지 변을 제어해놓고 싸우는 변화도 있다.

일단 실리를 확보한 백도 불만 없지만 이후의 국면은 서로 어렵다.

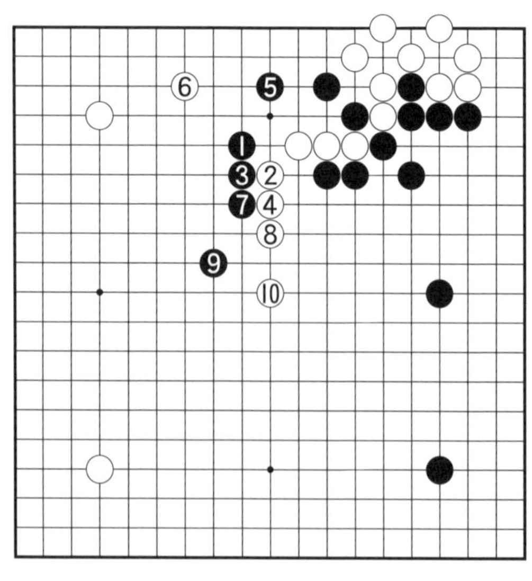

12도(뿌리부터 차단)

흑1에 백2로 나가면 흑3, 5로 뿌리부터 차단한 후 10까지 AI의 유력한 변화인데 백이 약간 활발하지만 서로 추격하며 어려운 싸움이다.

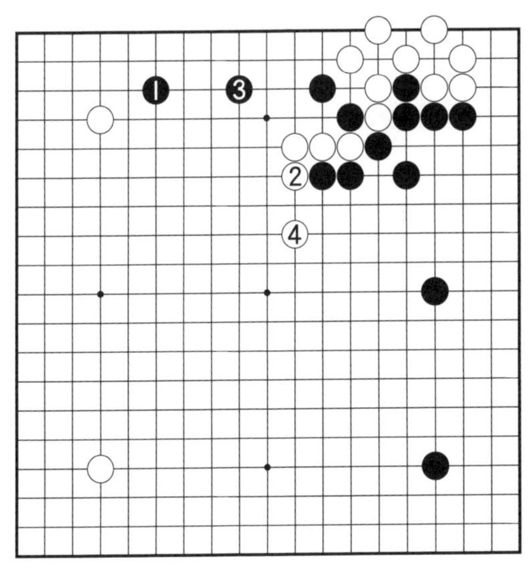

13도(우변 세력 약화)

8도 백5 때 흑1로 직접 상변을 견제하면 백2, 4로 중앙에 나가기만 해도 우변 흑 세력이 약화되어 백이 활발하다고 본다.

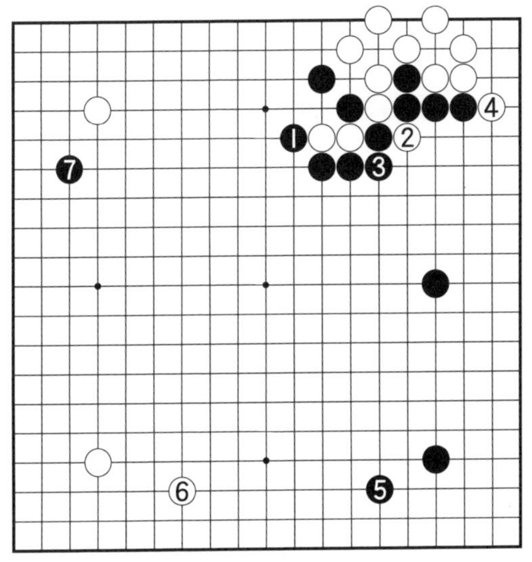

14도(문제해결)

실은 8도 백3으로 끊을 때 흑1로 두점을 잡으면 모든 문제가 해결된다고 AI가 알려준다.

　백2, 4로 우변 한쪽이 다치지만 흑이 두터움을 기반으로 해서 5, 7로 굳히고 걸치며 큰 자리로 향하면 활발한 국면으로 본다.

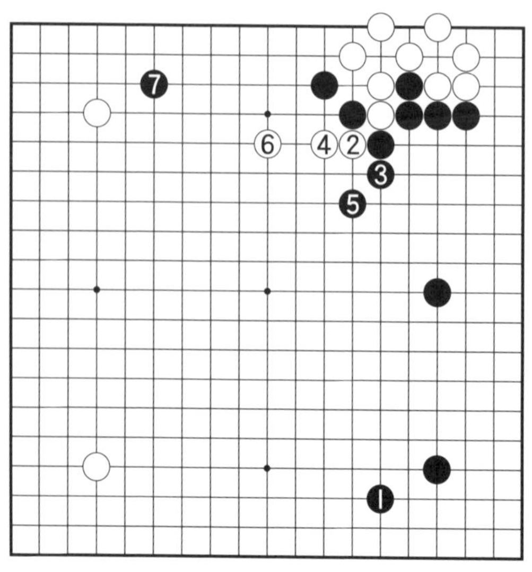

15도(자유로운 발상)

거슬러 올라가 3도 백4 때 흑1의 굳힘도 AI의 자유로운 발상이다. 백2로 끊을 때 흑3, 5로 정돈한 후 백6에 흑7로 상변을 견제하면 백도 충분하지만 거의 균형이 잡힌 포석 흐름이다.

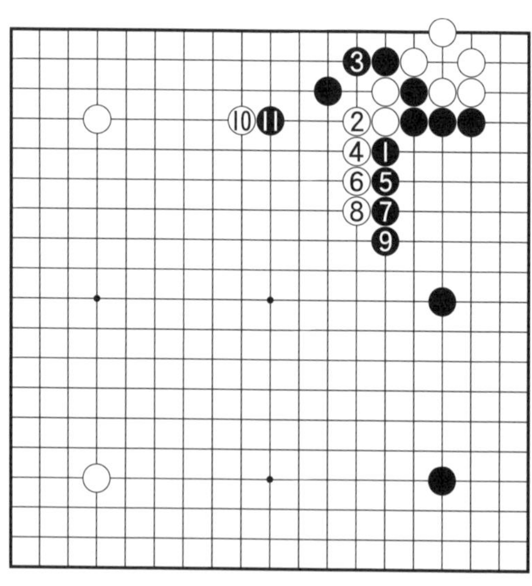

16도(멀리서 씌울 때)

애초 흑1로 젖힐 때 굳이 백이 중앙에 나가고 싶다면 2로 꼬부린 후 9까지 밀어놓고 싸우는 변화도 있다.

다음은 서로 어려운데 백10으로 멀리서 씌우면 흑도 11로 강하게 붙이며 싸울 수 있다.

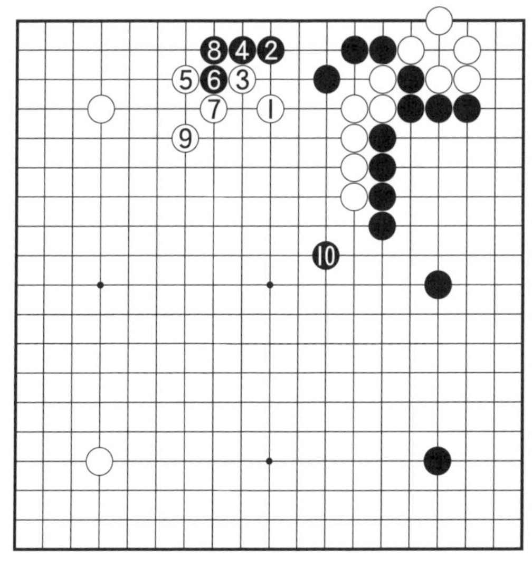

17도(가까이서 씌울 때)

앞 그림 흑9 때 백1로 가까이서 씌우면 흑2의 달림이 간명하다.

이하 9까지 AI의 무난한 정리법인데, 흑이 상변은 눌렸지만 10의 요소를 선점하여 흑도 충분하다.

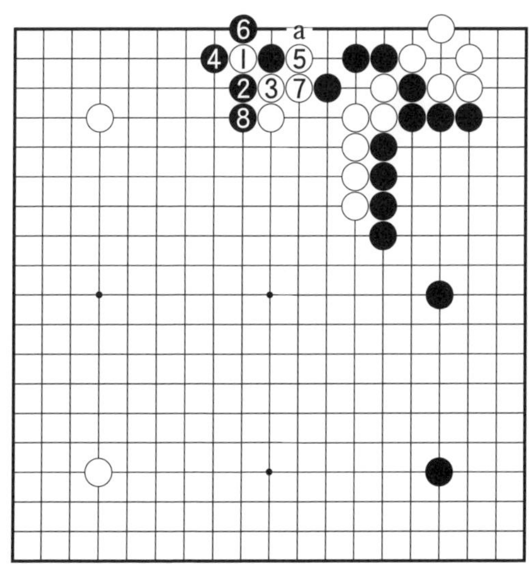

18도(바꿔치기)

앞 그림 흑2 때 백1로 강하게 차단하면 흑2, 4로 한점을 잡으며 7까지 바꿔치기를 감행한다.

흑 석점이 잘렸지만 8로 밀어 올리는 자세가 힘차고 a의 맛도 남아 흑도 충분한 보상이다.

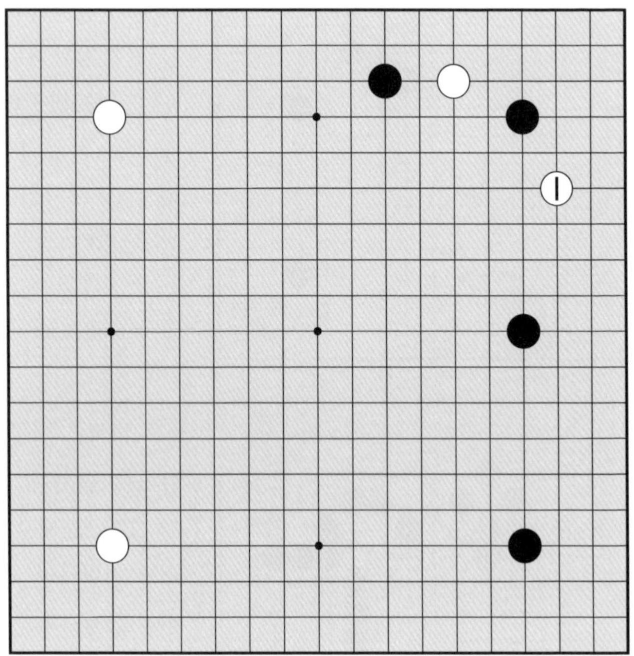

이번 주제는 한칸협공 때 백1의 양걸침인데 세력을 교란해서 국면을 주도하려는 발상이다. 흑도 세력만 고집할 것이 아니라 대국적인 관점에서 국면을 이끌어가야 한다.

양걸침에도 높낮이가 있는데 먼저 백1의 낮은 양걸침 이후의 포석 변화에 대해 알아본다.

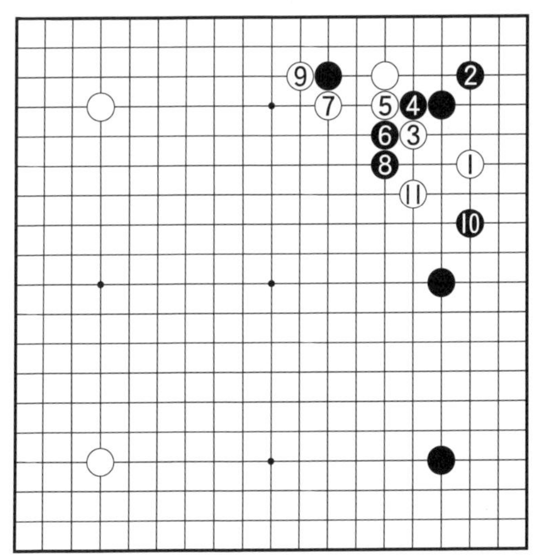

1도(백, 기분 좋은 봉쇄)

백1의 양걸침에 흑2로 귀를 지키면 백3의 봉쇄가 일단 기분 좋다.

흑은 끊고 싸우겠다는 뜻인데 왼쪽 4, 6으로 끊으면 이하 10까지 AI의 변화이다. 바꿔치기 양상이지만 백11로 움직이면 실리에 앞선 백이 활발하다.

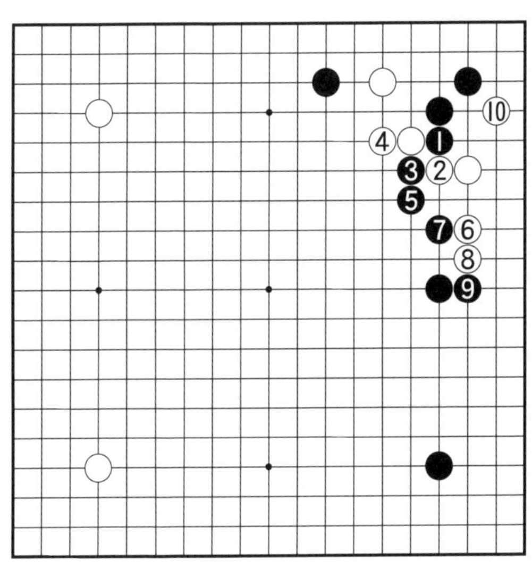

2도(흑, 불리)

앞 그림 백3 때 흑1, 3으로 오른쪽에서 끊으면 이하 9까지 우변 백을 공격할 수 있다.

그러나 백10으로 귀를 위협하면서 타개하면 이후 어떻게 해도 흑이 불리한 진행이다.

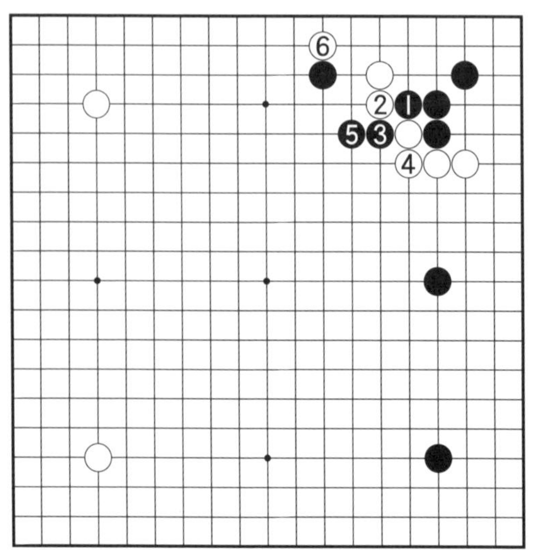

3도(백, 교묘한 붙임)

앞 그림 백2 때 흑1, 3 으로 끊으면서 5로 두점 을 가둘 수 있지만 백6 의 붙임이 교묘한 타개 이다.

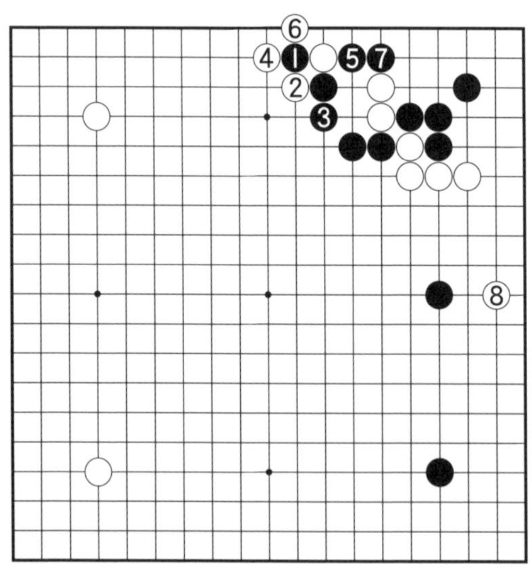

4도(맞끊는 맥점)

이다음 흑1로 젖히면 백 2의 맞끊음이 맥점이다.

이하 7까지 서로 잡 으며 타협한 후 우변에 서는 백8로 낮게 근거를 확보하는 것이 안정적인 데, AI 안목에서 백이 약간 활발한 국면이다.

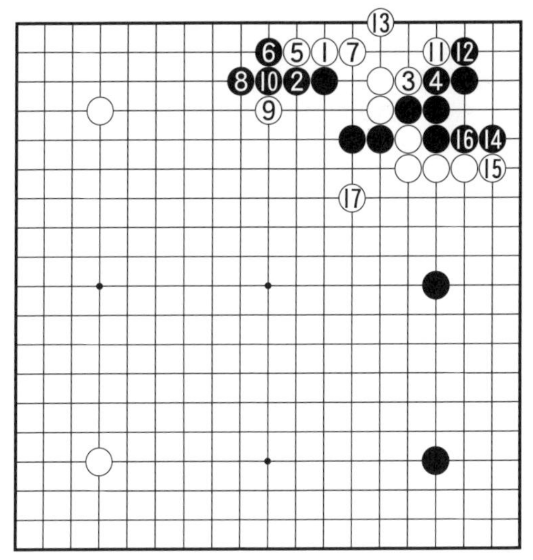

5도(백, 유리)

백1에 흑2로 물러서면
백3 이하 13까지 안에
서 살고 나서 이하 17까
지 우변도 백이 견실한
모양으로 중앙을 향하면
유리한 국면이다.

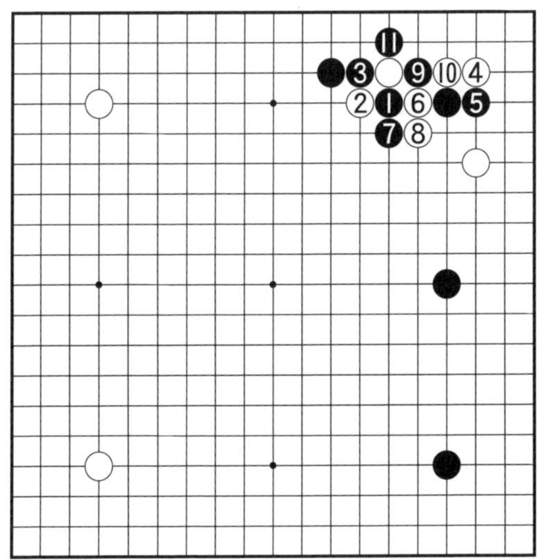

6도(보편적 붙임에서)

처음으로 돌아가, 양걸
침에는 흑1의 붙임이 가
장 보편적인 대응이다.
　백2의 젖힘은 풀어가
는 하나의 방안인데 흑3
에 백4의 3三침입이면
흑5의 차단이 강수이며
이하 11까지 필연이다.

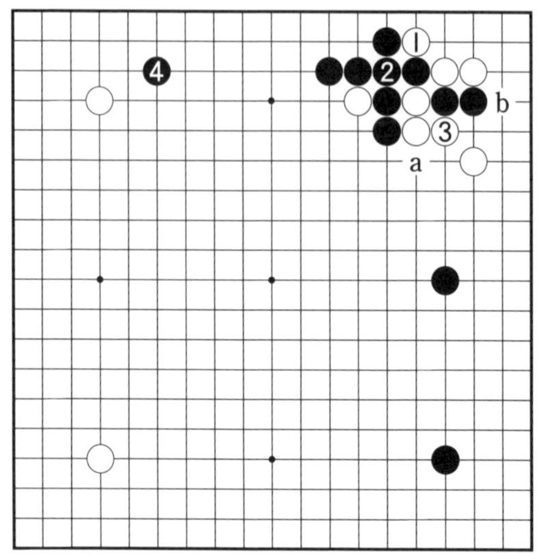

7도(흑, 두터움)

이다음 백1, 3으로 두점을 잡지만 흑4로 걸치며 상변을 키우면 흑이 두터운 진행이다.

　나중에 흑a의 젖힘은 모양을 강화하는 요처이며, 귀는 흑이 b로 키운 후 1의 한점을 선수로 잡는 맛도 남아있다.

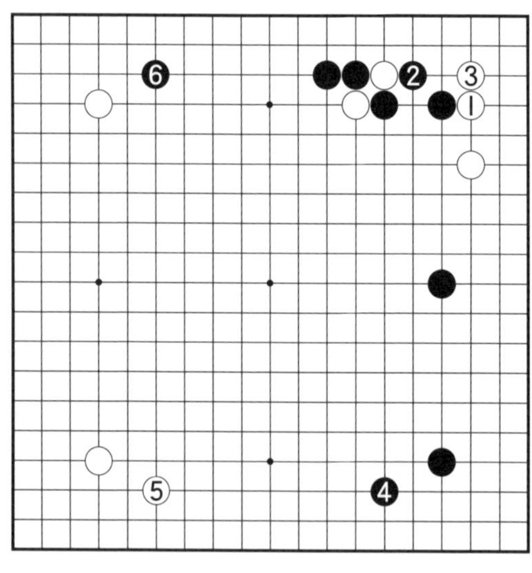

8도(안정된 행마)

6도 흑3 때 백1의 붙임이 안정된 행마이다.

　이때 흑2로 물러서면 무난하며 백3으로 귀는 허용하지만 흑4, 6으로 굳히고 걸치며 큰 자리를 주고받으면 거의 대등한 형세이다.

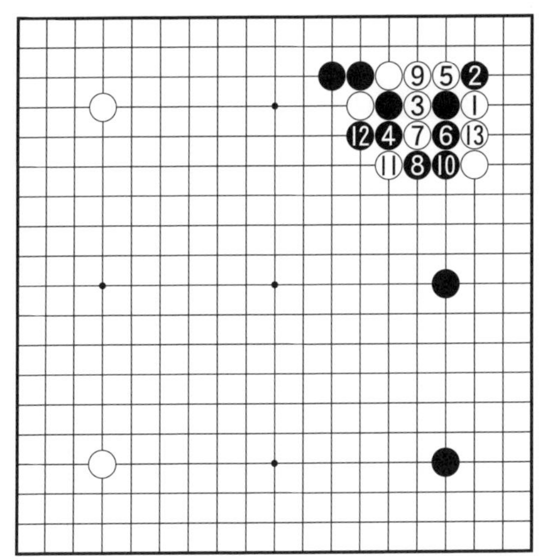

9도(흑이 젖히는 경우)

백1에 붙이면 흑2의 젖힘이 강수이지만 백도 3, 5로 단수치고 나가서 13까지 길을 내며 버틸 수 있다.

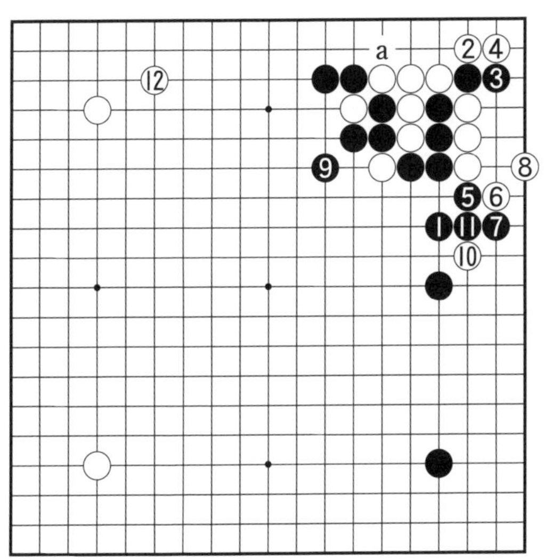

10도(백, 편한 형세)

이다음 흑1로 지킨 후 11까지의 수순을 기억해둔다.

흑은 a도 선수이고 두터운 모양을 형성했지만, 귀의 실리를 차지한 백이 12의 굳힘으로 세력도 견제하면 편한 형세라는 것이 AI의 진단이다.

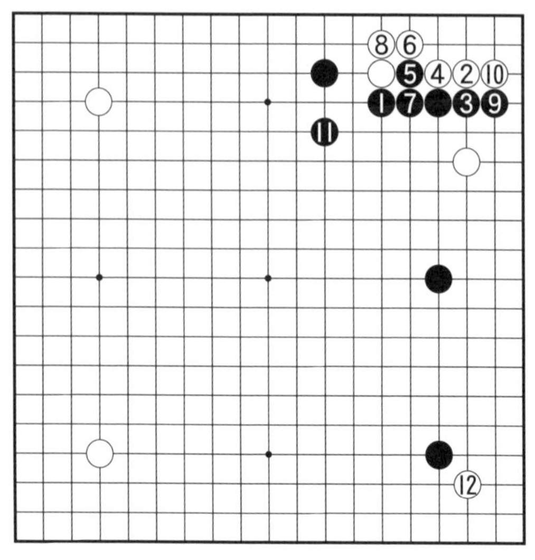

11도(백, 3三침입)

흑1에 곧장 백2의 3三 침입도 일책이다.

흑3에 막고 이하 11 까지 일단락이며 백12 로 전환하면 대등한 형 세이다.

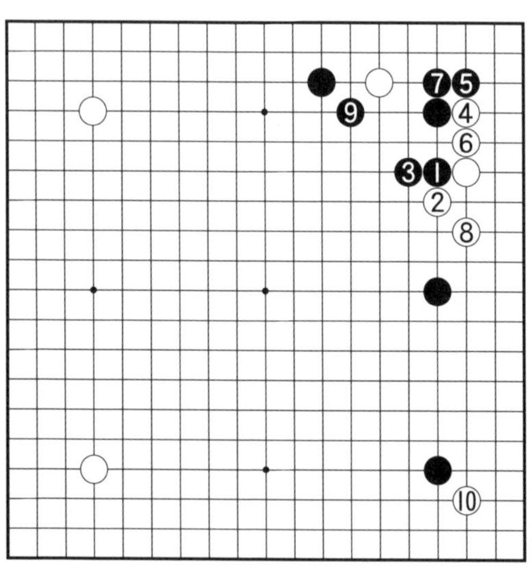

12도(우변 쪽의 붙임)

우변 쪽에서 흑1의 붙임 도 생각할 수 있다.

백2, 4로 귀에 붙인 후 9까지 일단락되면 백 10의 침입으로 포석이 전개되며 AI 기준에서 거의 대등한 타협이다.

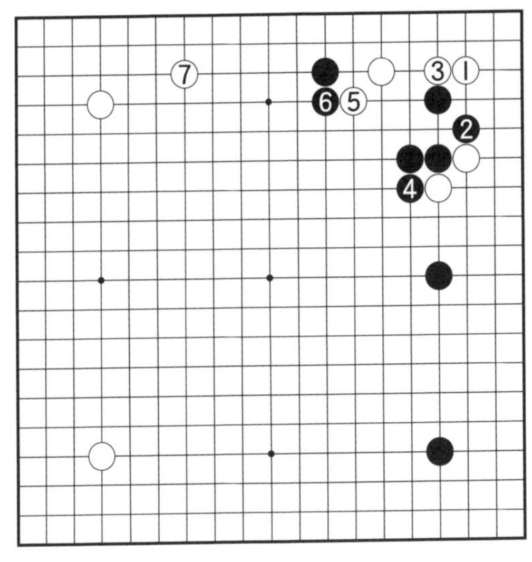

13도(균형이 잡힌 형세)

앞 그림 흑3 때 백1의 침입으로 귀를 공략하면 이하 7까지 AI가 제시하는 무난한 변화인데 서로 균형이 잡힌 형세이다.

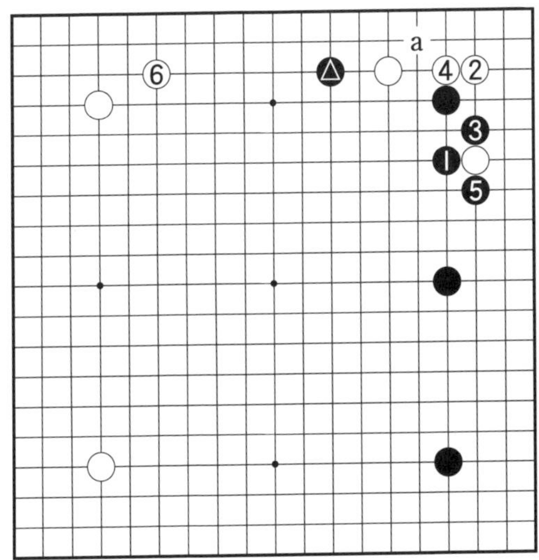

14도(효과적 기습 공략)

흑1에 즉각적인 백2의 침입도 효과적인 기습 공략이다. 흑3, 5로 한 점을 잡으면 백6의 큰 자리로 전환한다.

흑△가 a의 노림이 없는 만큼 뭔가 허전한 모습이며 형세는 백이 약간 편하다.

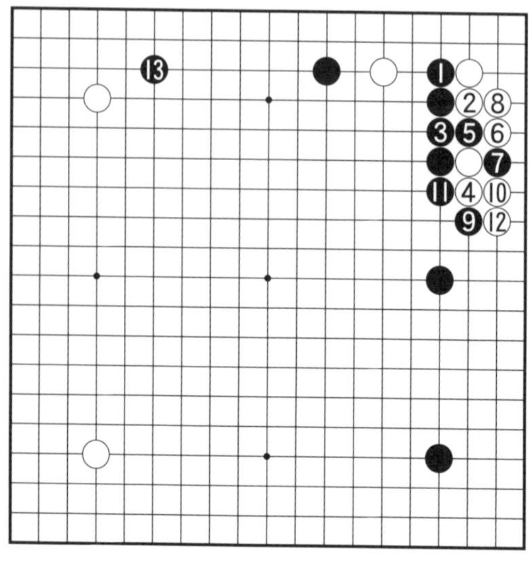

15도(백이 나가는 경우)

앞 그림 백2 때 흑1쪽에서 막는 방안도 있다.

백2, 4로 나가는 경우 흑5, 7로 끊어 12까지 정리한 후 13으로 상변을 넓힐 수 있지만 AI 기준에서 백이 약간 편한 형세로 본다.

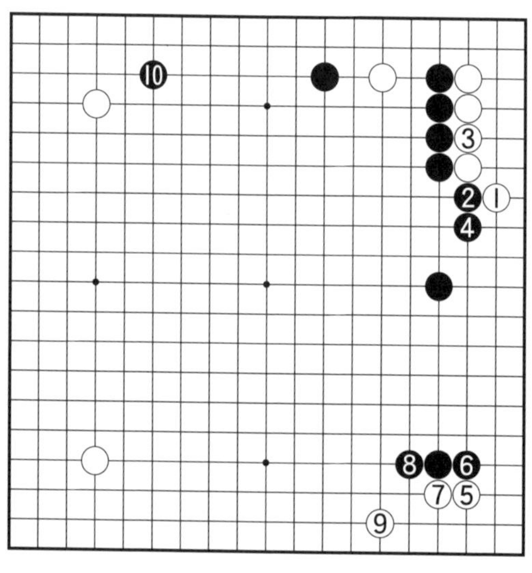

16도(마늘모 지킴 이후)

앞 그림 흑3 때 백1의 마늘모로 지키면 흑2, 4에 백5의 침입으로 전환할 수 있다.

이하 9까지 되고나서 흑도 10으로 진영을 넓히면 거의 균형을 맞출 수 있다.

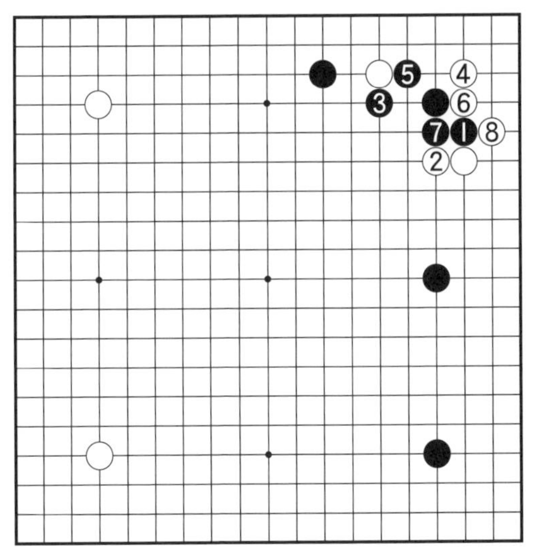

17도(흑의 복안)

처음으로 돌아가, 흑1로 귀를 제어한 후 3의 붙임도 AI의 복안에 있다. 백4로 침입하면 흑5로 막고 백6, 8로 넘어가는 진행이 자연스럽다.

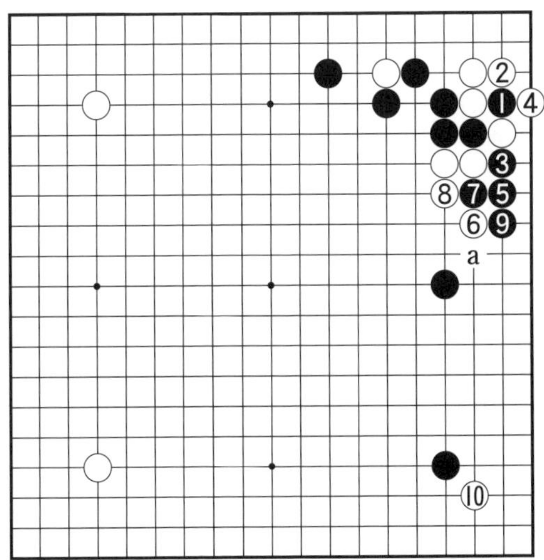

18도(흑, 변에서 활약)

이다음 흑1로 끊어 9까지 되면 백이 a로 나갈 수 없어 10으로 전환한다. 귀에서 실리를 허용한 흑이 변에서 활약한 만큼 AI의 진단은 대등한 형세로 본다.

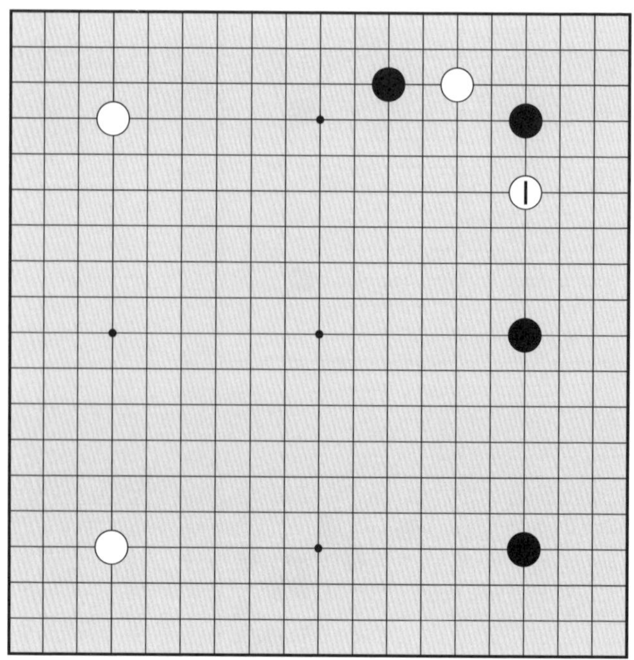

　이번에는 한칸협공 때 백1의 높은 양걸침인데 귀를 더욱 압박해서 원하는 변화를 이끌려는 의도가 있다.
　흑도 무난하게 두고 싶지 않다면 강수를 구사하며 싸울 수 있고, AI가 알려주는 특별한 방안도 있는데 이후의 포석 변화에 대해 알아본다.

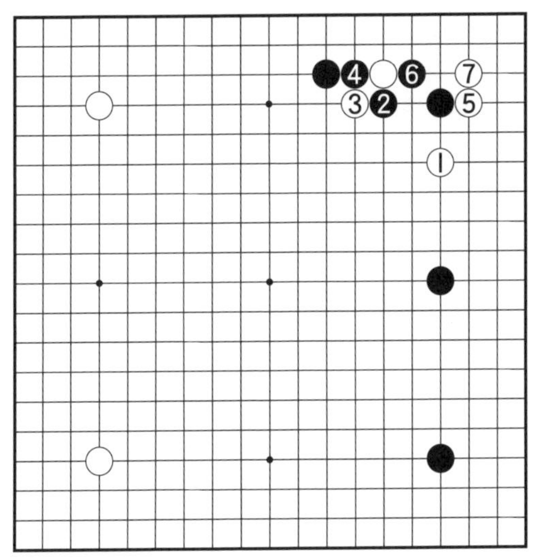

1도(보편적 대응에서)

백1의 높은 양걸침에도 흑2의 붙임이 가장 보편적 대응이다. 백은 3으로 젖힌 후 7까지 귀에 진입하면 무난한데 이후 AI의 포석 변화와 진단을 주목해보자.

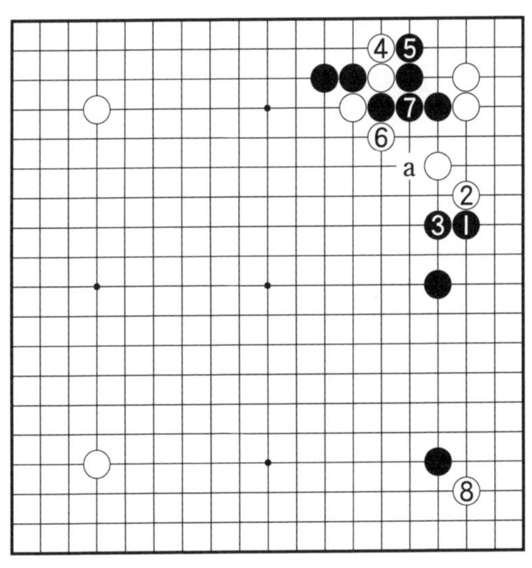

2도(다가섬 이후)

흑1의 다가섬은 요처이지만 발이 늦다. 백2로 지킨 다음 4, 6의 활용은 권리이며 8로 전환하면 a로 차단하는 맛은 남지만 백이 약간 활발한 국면이라고 본다.

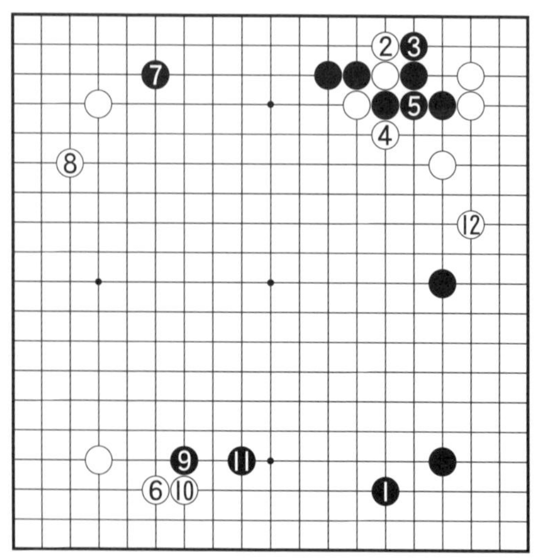

3도(대국적 전환)

1도 다음 흑도 1로 전환하는 것이 대국적이다.

이하 12까지 AI의 유력한 변화인데 서로 대등한 형세라고 본다.

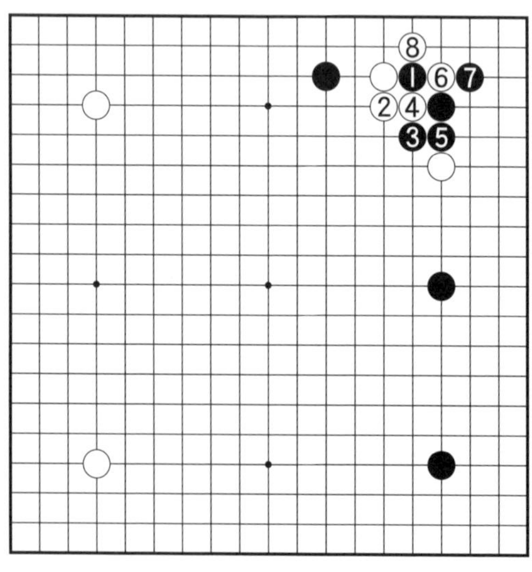

4도(흑, 싸움 유도)

되돌아가서 흑1, 3으로 가르고나오는 것은 싸움을 유도하는 강수이다.

백4로 찌르고 6, 8로 한점을 잡으면~

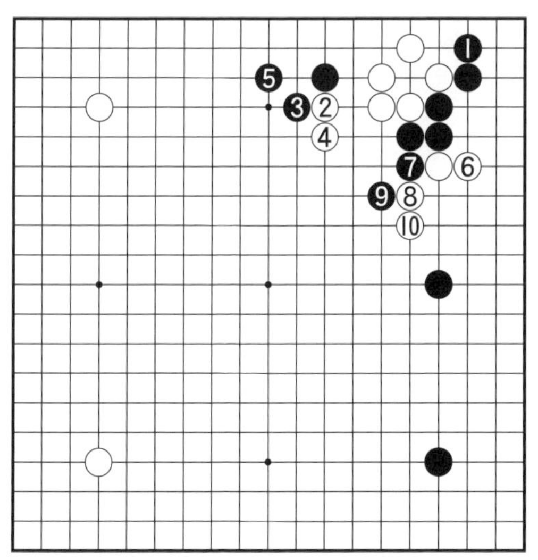

5도(흑, 안정적 뻗음)

흑1로 뻗는 것이 안정적 수비와 공격을 겸한다.

　백도 2, 4로 진출한 후 6이 요소이며 이하 10까지 서로 팽팽한 싸움이다.

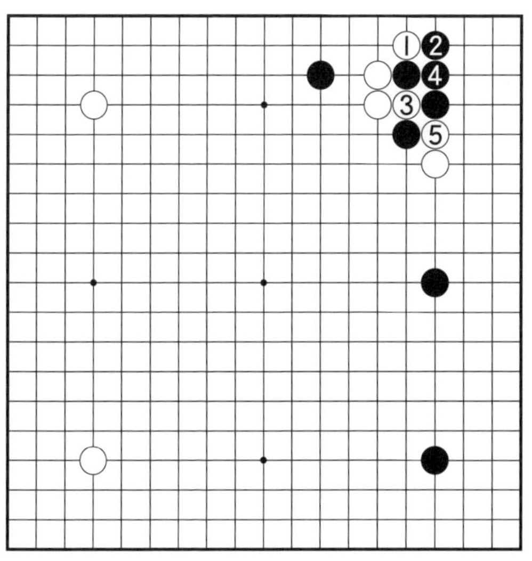

6도(수순을 바꿀 경우)

4도 흑3 때 백1, 3으로 수순을 바꾸면 흑4로 귀를 잇는 것이 효과적이다. 백5로 끊으면 어떻게 될까.

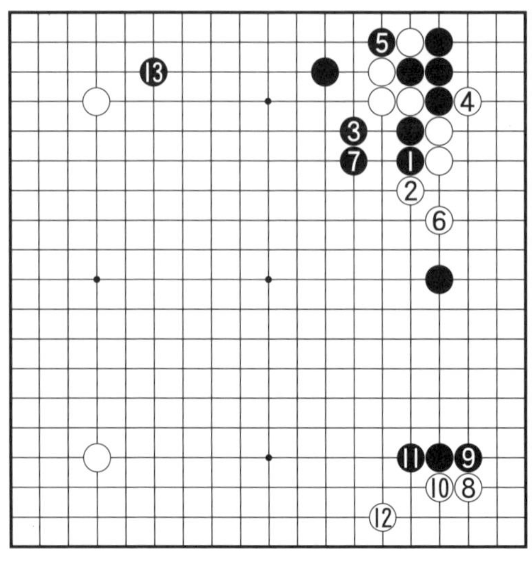

7도(사석 활용)

흑은 1로 밀며 싸울 수 있다. 백도 7까지 사석을 활용해서 우변을 정돈한 후 8로 우하귀를 공략하면 흑은 9, 11 다음 13으로 상변을 키운다. AI의 진단은 서로 대등하다고 본다.

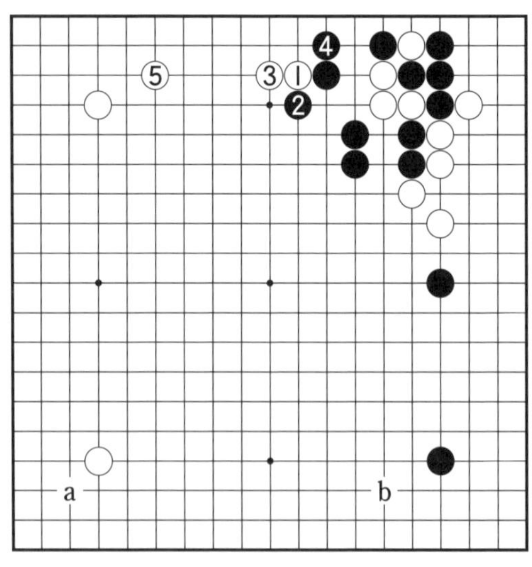

8도(백, 능동적 발상)

앞 그림 흑7 때 백은 1, 3으로 활용한 후 5로 지키며 상변을 다스리는 것도 능동적인 발상이다. 흑은 a나 b의 큰 자리로 전환하겠지만 거의 대등한 형세이다.

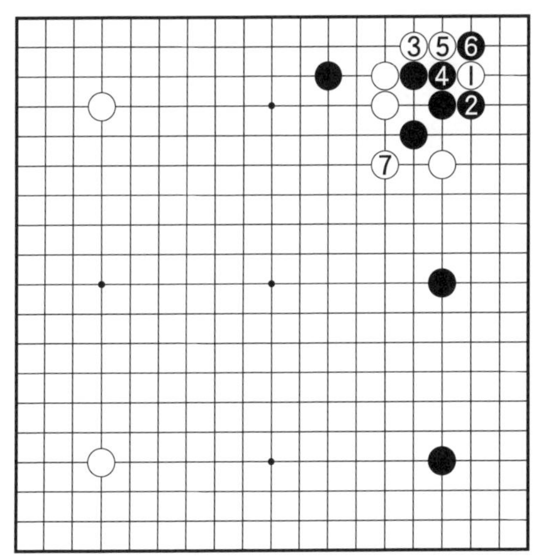

9도(상용수단)

4도 흑3 때 백1의 3三 침입이면 흑2로 막은 후 6까지 한점을 잡는 것이 무난하다.

백도 7의 씌움이 상용수단인데 흑이 어떻게 받아야 할까.

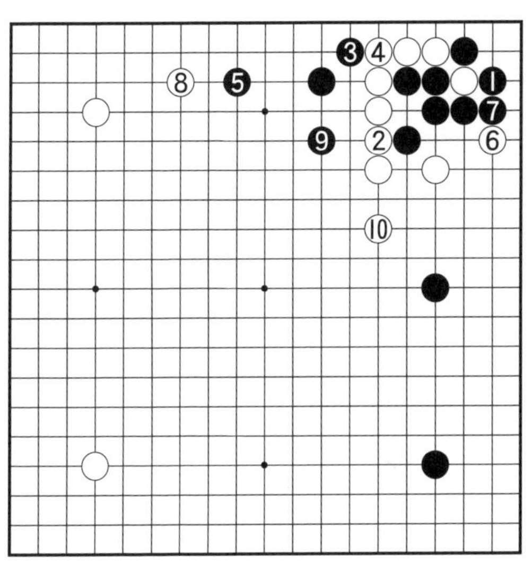

10도(흑, 안전한 따냄)

일단 흑1로 한점을 따내는 것이 안전하다. 이하 10까지 서로 정돈하면 귀와 변을 안정한 흑이 약간 편한 정도이다.

수순 중 흑3과 백6은 서로 기민한 활용이다.

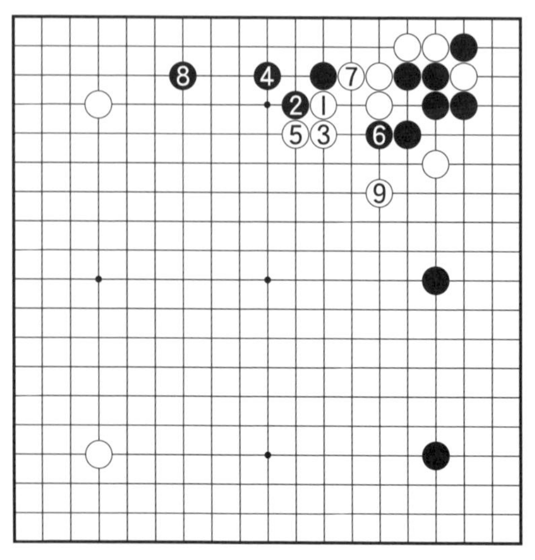

11도(백, 노련한 행마)

9도 흑6 때 백1로 상변에서 압박하며 은근히 귀를 노리는 것도 노련한 행마이다.

이하 9까지 AI가 제시하는 공방이며 거의 대등한 싸움으로 본다.

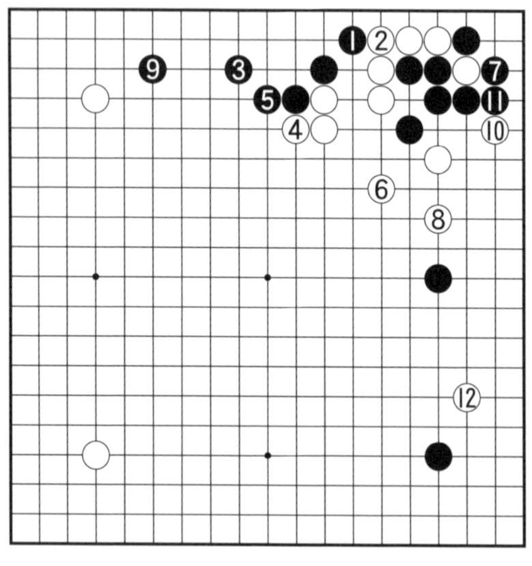

12도(어려운 싸움)

앞 그림 백3 때 흑1로 활용하고 3의 벌림도 일책이다. 백4, 6으로 포위하면 흑7로 따내 안정하는 것이 무난하다.

이하 12까지 AI의 유력한 변화인데 서로 어려운 싸움이다.

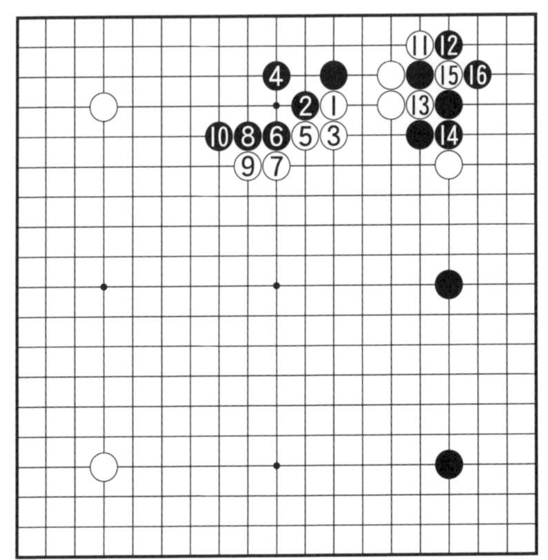

13도(일순위 추천수)

거슬러 올라가 4도 흑3
시점에서 백1의 붙임이
AI의 일순위 추천수이
다. 이하 10까지 밀어놓
고 나서 귀쪽 백11로 젖
히면 이하 16까지 필연
이다.

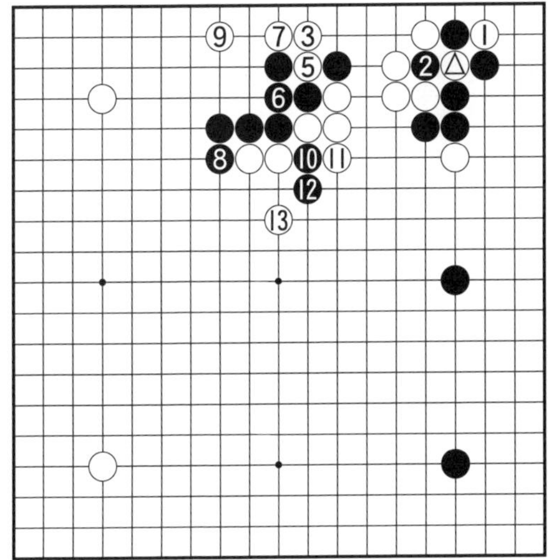

14도(패의 공방)

이다음 즉각 백1로 패를
걸고 3으로 팻감을 쓰면
흑은 4로 해소하는 것이
무난한 공방이다.

　이하 9까지 AI가 제
시하는 변화. 흑이 상변
근거를 잃었지만 10으
로 끊고 13까지 중앙 전
투로 확산되면 거의 팽
팽하다고 본다.

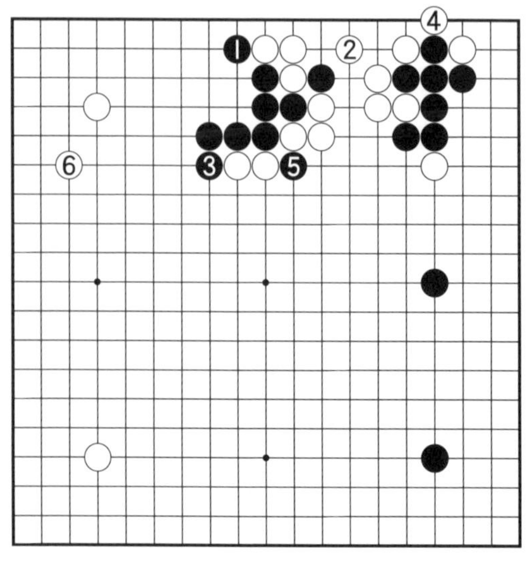

15도(백, 활발)

앞 그림 백7 때 흑1로 막으면 백2의 수비가 탄력적이며 흑3에 백4로 넘는 것이 집으로도 크다. 흑5는 기세의 끊음인데 백6으로 전환하면 상변이 살아있는 만큼 백이 활발한 국면이다.

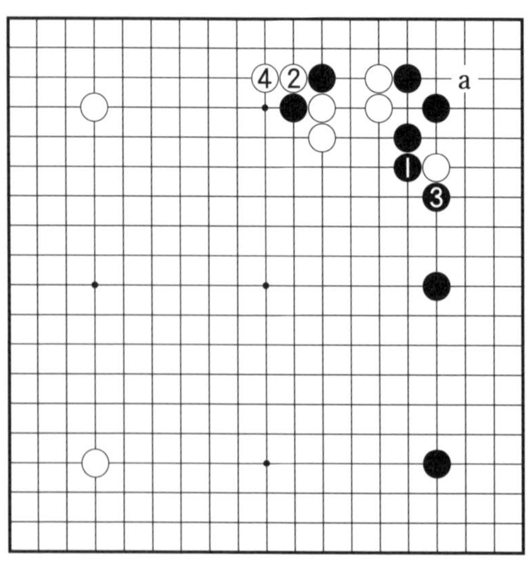

16도(모양을 지키는 경우)

13도 백3 때 흑1과 백2, 이어서 흑3과 백4로 각자 모양부터 지키면 a의 맛도 남아 우변 흑보다 상변 백이 효율적이며 전체 형세도 백이 활발하다.

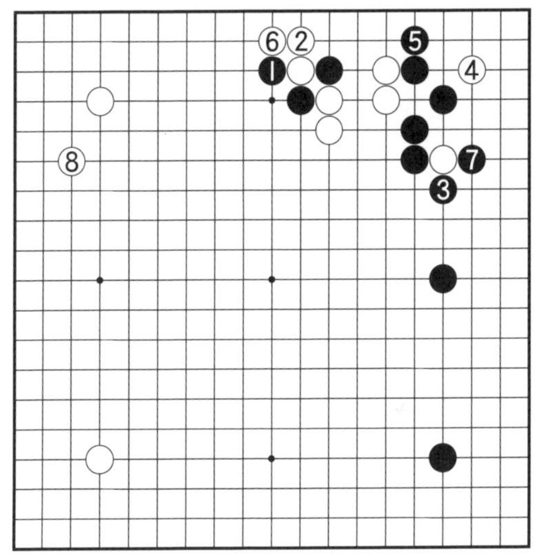

17도(백, 정교한 수순)

앞 그림 백2 때 흑1로 선수해놓고 3으로 제압하면 백4의 침입으로 맛을 남겨놓고 6으로 상변을 보강하는 수순이 정교하다.

흑7로 맛을 없애면 백이 8로 굳히며 상변 일대를 넓혀 활발한 국면이다.

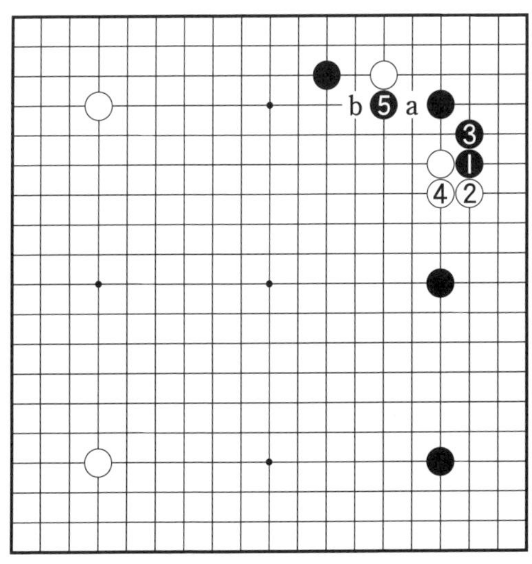

18도(특별 방안)

처음으로 돌아가서 흑1, 3을 선수한 후 5의 붙임도 생소하지만 귀를 보호하는 특별한 방안이다. 백의 대응은 a의 끼움과 b의 젖힘이 있다.

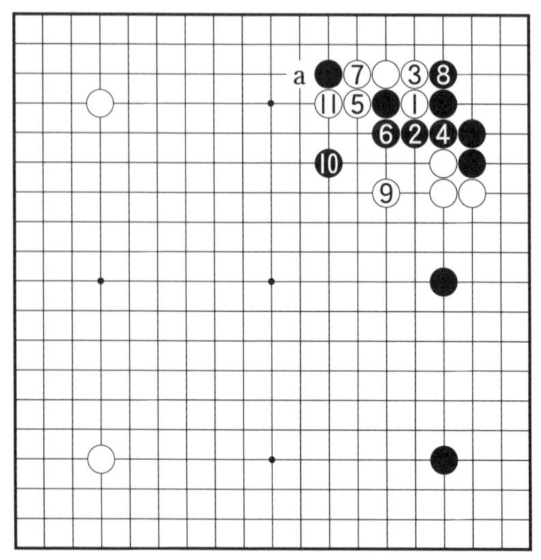

19도(백, 끼우는 경우)

이다음 백1로 끼우면 흑 2, 4에 백5, 7로 나가는 흐름이 자연스럽다.

이하 11까지 서로 어려운 싸움이다. 백11은 a의 붙임도 가능한 선택이다.

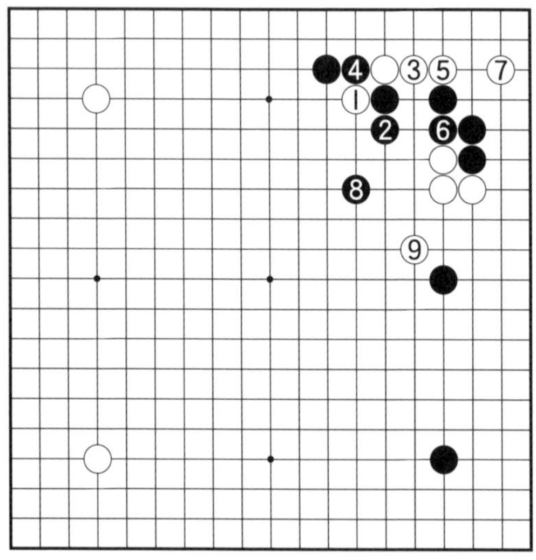

20도(백, 젖히는 경우)

18도 다음 백1의 젖힘이면 흑2로 늘고 백은 7까지 귀에서 사는 것이 자연스럽다. 흑8에 백9로 탈출하는 공방이 이어지는데 역시 어려운 싸움이다. 국면을 주도하려는 공격적인 성향이라면 19도와 20도는 시도해 볼만하다.

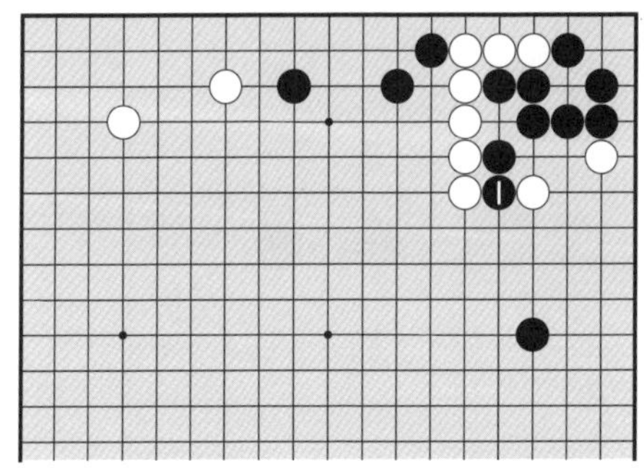

▦ 장면

상변 흑이 엷은 장면(본형 10도 참조)에서 먼저 흑1로 뚫고나오면 백이 어떻게 대응할지 생각해보자.

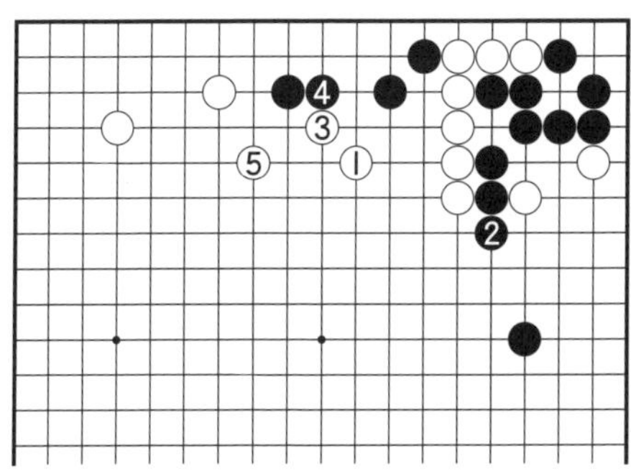

1도(상변부터 추궁)

우선 백1로 상변 흑부터 추궁하는 것이 현명하다.

이때 흑2로 관통하면 백 3, 5로 포위해서 백이 활발한 국면이다.

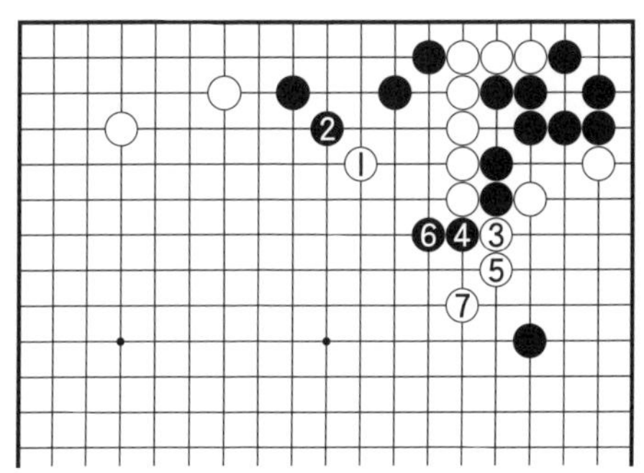

2도(백, 충분한 싸움)

백1에 흑2로 방어하면 이제 백3으로 막을 수 있다.

흑4에 끊으면 이번에는 백5, 7로 나와 충분히 싸울 수 있다.

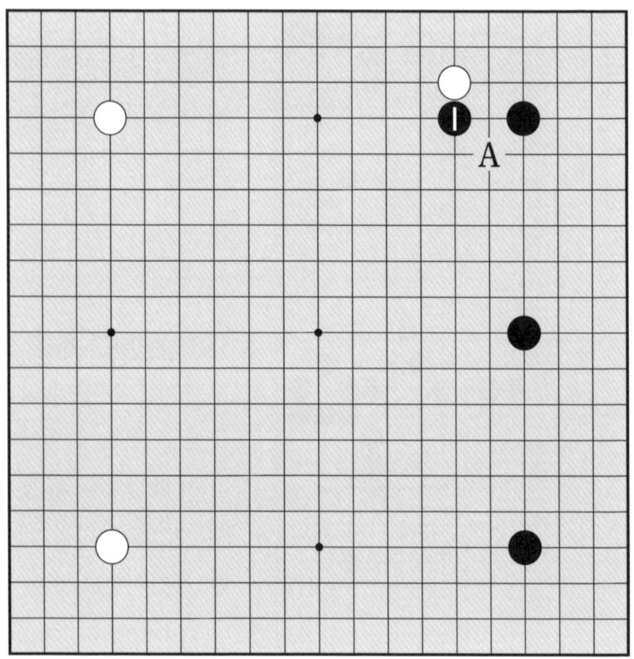

삼연성 포석에서 마지막 주제는 흑1로 위에서의 노골적인 붙임이다. AI의 영향으로 세력을 더욱 키울 때는 유력한 시도이며 이후의 공방도 다양해졌다.

더불어 흑A의 마늘모 행마도 한때 세력작전의 일환으로 사용되었는데 여기서 핵심 변화에 대해 알아본다.

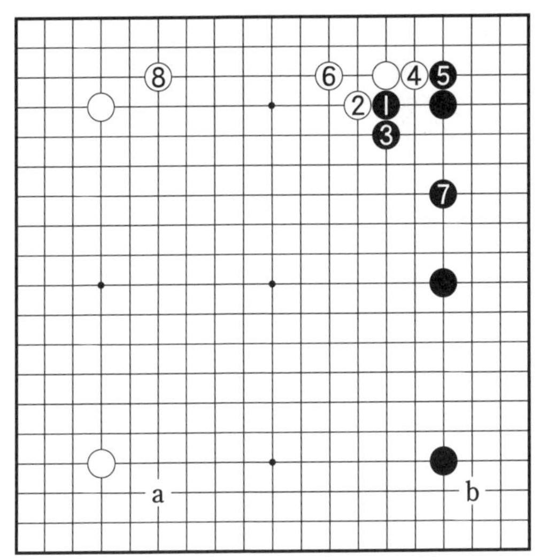

1도(귀의 절대 수비)

흑1의 붙임에 백2, 4 다음 6의 호구 지킴이면 흑은 귀의 수비가 절대인데 AI는 7의 두칸을 권장한다.

다음 백8로 굳혀 상변을 키우면 어울린 형세라고 본다. 백8은 a나 b도 큰 자리이다.

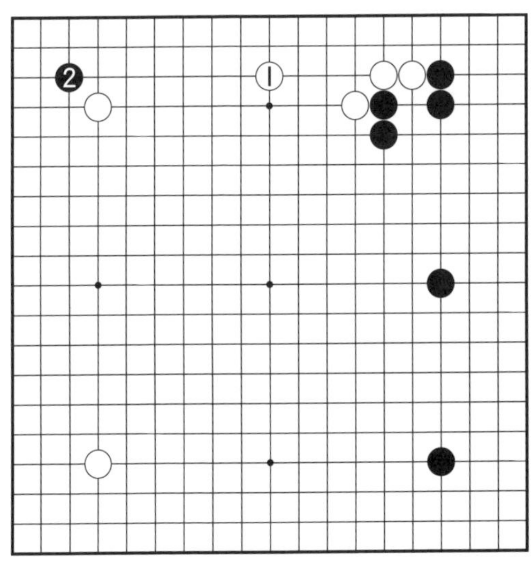

2도(백, 벌림의 경우)

앞 그림 흑5 때 백1로 벌리면 흑은 귀의 수비가 급하지 않으므로 2의 큰 자리로 전환할 수 있다. 이 진행은 보통 무난해도 AI 기준에서는 백이 약간 소극적이라 본다.

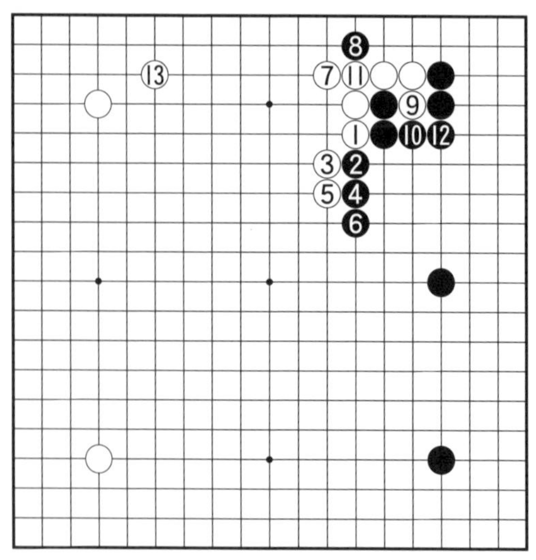

3도(상변 발전성)

이 시점에서 AI는 백1 이하 5까지 밀어놓고 7의 지킴이면 모양 대결이지만 상변 발전성이 크다고 본다. 흑은 8로 활용해도 어차피 12까지 귀를 지켜야 실리를 보존할 텐데, 백이 13으로 상변을 보강하면 활발한 국면이다.

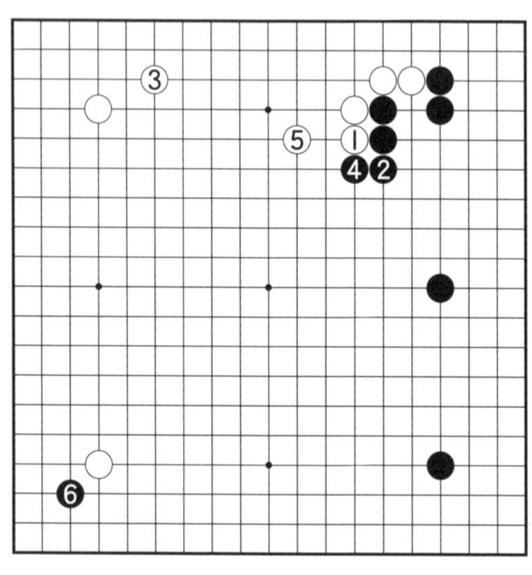

4도(물러서면 무난)

백1에 흑2로 물러서면 무난하다.

백도 3, 5로 상변을 지키는 것이 안정적이며 흑6으로 전환하면 AI 기준에서 백이 약간 편한 정도로 본다.

5도(흑의 일책)

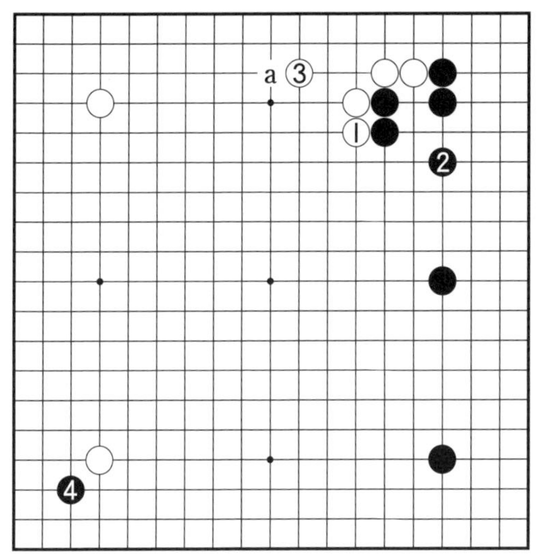

백1에 흑2의 지킴도 일책인데 상변에 대모양을 허용하지 않겠다는 의도이다.

　백3(또는 a)에 지키면 흑4로 전환해서 백이 약간 편한 정도이다.

6도(상변의 요소)

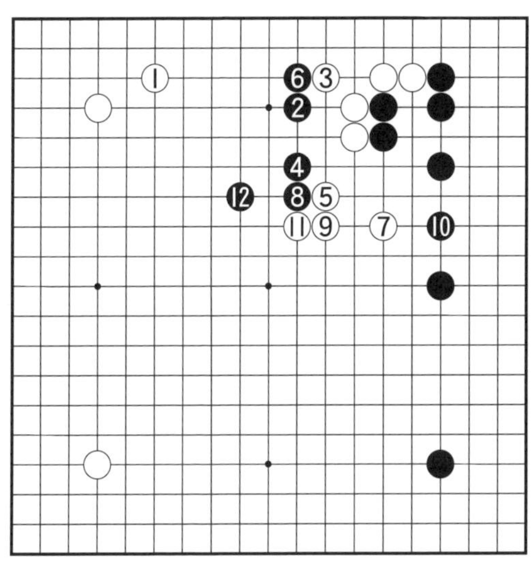

앞 그림 흑2 때 백1의 굳힘은 상변을 넓게 사용하려는 의도이다.

　흑도 2가 우상 백을 추궁하는 상변의 요소이며 이하 12까지 AI의 유력한 변화인데 대등한 싸움이라 본다.

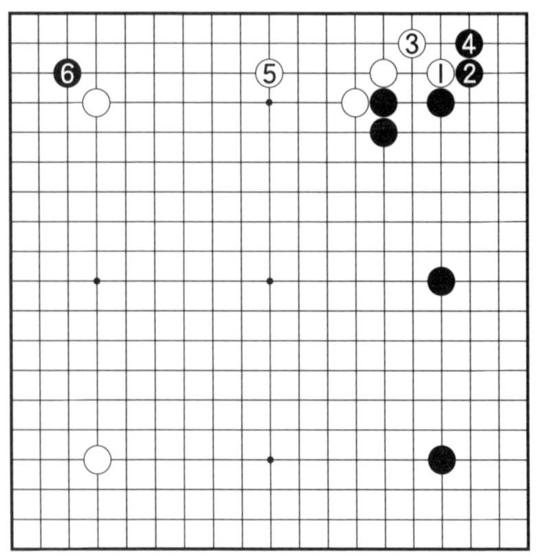

7도(일순위 붙임)

거슬러 올라가 1도 흑3 때 백1의 붙임이 AI의 일순위 추천수이다. 흑2에 백3의 호구가 탄력적 지킴이며 흑도 4로 늘어 최대한 귀를 보호한다.

　다음 백5로 벌리면 무난한데 흑6으로 침입해서 대등한 진행이다.

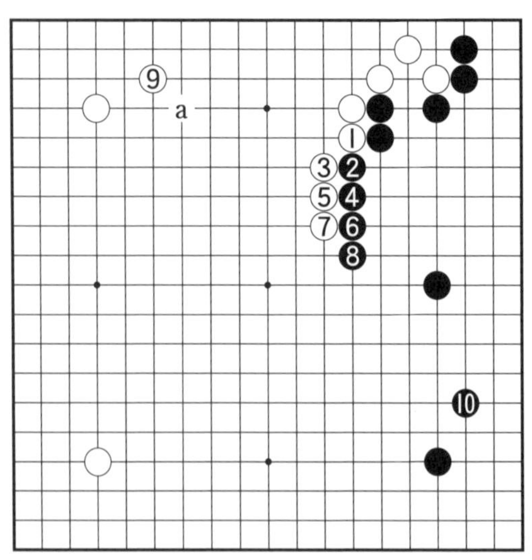

8도(능동적 대모양 경영)

앞 그림 흑4 때 백이 1 이하 7까지 밀어놓고 9로 굳히면 상변을 크게 경영하는데 AI의 능동적 발상이다. 흑도 10으로 굳히면 우변에 대모양이 형성되며, 상변 대모양이 신경 쓰이면 10 대신 a로 삭감하는 방법도 일책이다.

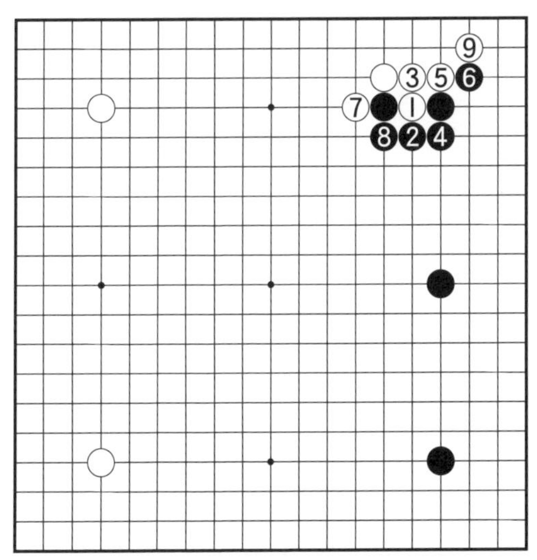

9도(백, 끼우는 경우)

처음으로 돌아가서 백1
의 끼움도 생각할 수 있
다. 흑2로 위에서 단수
치면 이하 9까지 필연이
므로 기억해둔다.

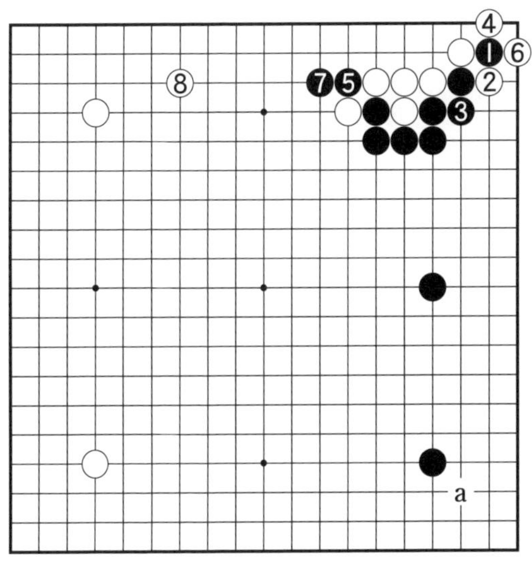

10도(흑, 이단젖힘)

이다음 흑1의 이단젖힘
에 백2, 4로 잡고 흑5,
7로 변을 제어하는 진행
도 필연이다.

흑이 일관된 세력 모
양이지만 약간 엷어, AI
의 진단은 백이 8로 견
제하거나 a로 전환하더
라도 충분하다고 본다.

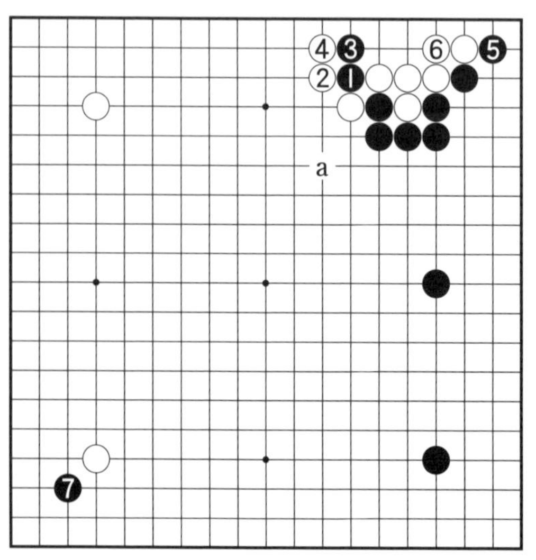

11도(먼저 끊는 경우)

9도 다음 흑1부터 끊으면 흑은 6까지 두점이 잡히지만 a쪽 활용을 남기며 7로 전환할 수 있다. AI는 백도 실리를 선점해서 불만 없다고 본다.

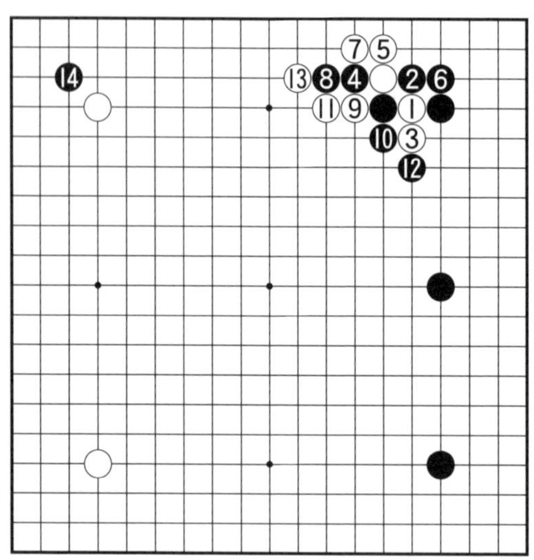

12도(두점 바꿔치기)

백1에 끼울 때 아래쪽 흑2의 단수도 유력한 대응이다. 백3 다음 흑4에도 백5로 나가면 흑6에 이은 후 13까지 서로 두점을 잡는 바꿔치기가 필연이다. 다음 흑이 14와 같은 큰 자리로 전환하겠지만 AI의 진단은 호각으로 본다.

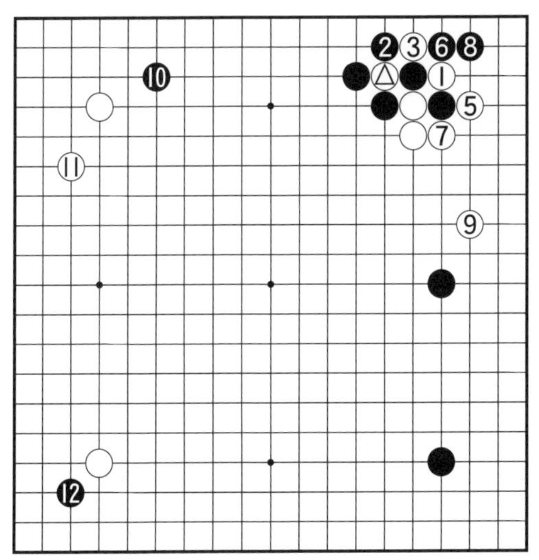

13도(백, 귀쪽 끊음)

앞 그림 흑4 때 백1 이
하 5로 귀쪽을 끊으면서
한점을 잡으면 이하 9까
지 일단락된다.

흑은 실리가 견실하
고 백도 우변을 깨서 충
분하다. 다음 흑10으로
상변을 넓힌 후 12로 침
입하면 거의 대등한 국
면이다.

14도(귀에 곧장 진입)

되돌아가서 백1, 3으로
귀에 곧장 진입하는 것
도 AI의 유력한 방안이
다. 흑4로 막을 때 백5
로 젖힌 후 13까지 되면
서로 우변과 상변의 모
양 대결이다.

다음 흑이 14의 침입
이나 a의 걸침이면 거의
대등한 국면이다.

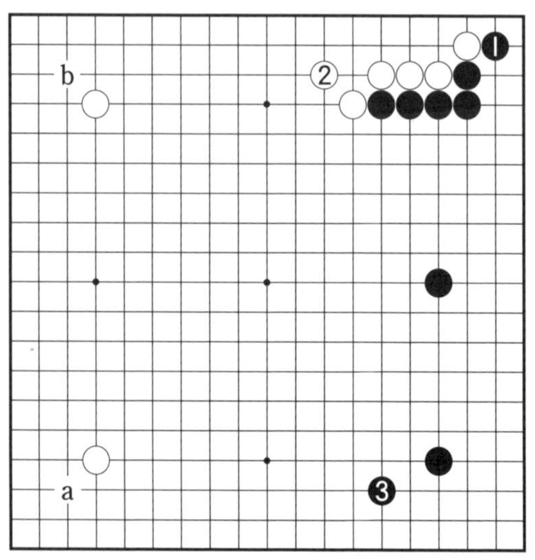

15도(귀의 이득)

앞 그림 백7 때 흑1로 막으면 간명하다. 백2로 지켜 일단락인데 귀에 젖히고 막는 것이 교환된 만큼 흑의 이득이다.

그렇더라도 다음 흑3의 굳힘(또는 a나 b의 침입)으로 보고 전체 형세는 호각이다.

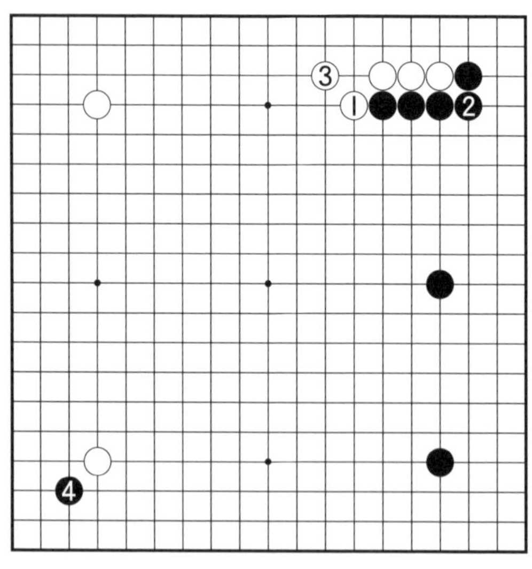

16도(보편적 변쪽 젖힘)

14도 흑4 때 백1의 변쪽 젖힘이 보편적이며 흑2와 백3으로 지키면 일단락이다.

귀에 군더더기 교환이 없는 타협인 만큼 AI 안목에서 백이 약간 편한 형세로 본다.

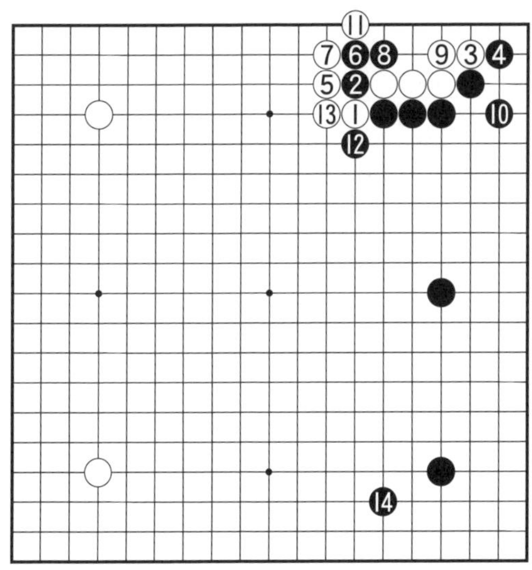

17도(흑이 끊는 경우)

백1에 흑2로 끊으면 백 3에 젖힌 후 5, 7로 몰고 흑은 석점으로 키워서 13까지 일단락이다.

다음 흑이 14로 전환하며 활용을 통해 우변 모양이 입체화되지만, AI의 진단은 백도 두터워져 약간 활발하다고 본다.

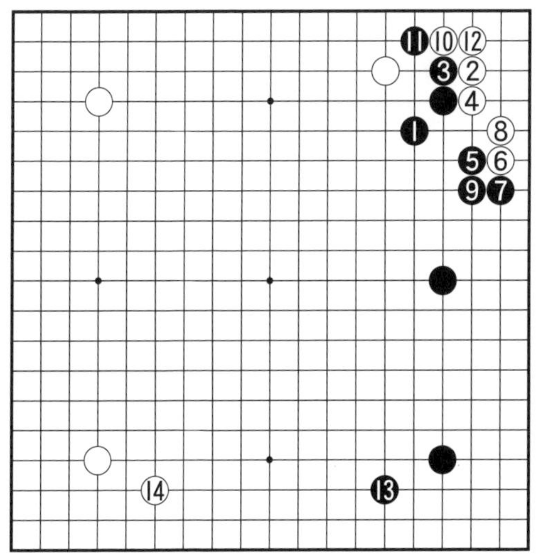

18도(마늘모 세력작전)

처음으로 돌아가서, 흑1의 마늘모 행마도 예전에 세력작전의 일환으로 많이 두었다. 백2로 침입한 후 12까지 알려진 정석 수순인데 다음 흑 13과 백14로 굳히면 AI의 진단은 거의 어울린 형세로 본다.

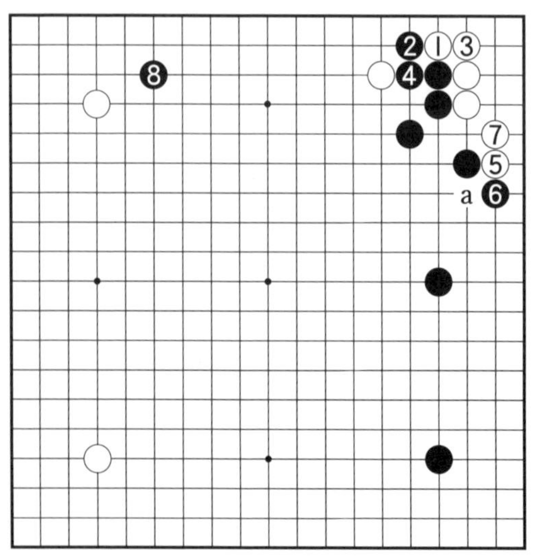

19도(먼저 젖히는 경우)

앞 그림 흑5에 백1의 젖힘부터 두면 흑2, 4로 잇고 백5, 7 때 흑은 a로 잇지 않고 8로 걸치며 상변을 다스리는 것이 효율적이다. AI의 진단은 역시 거의 대등한 형세라고 본다.

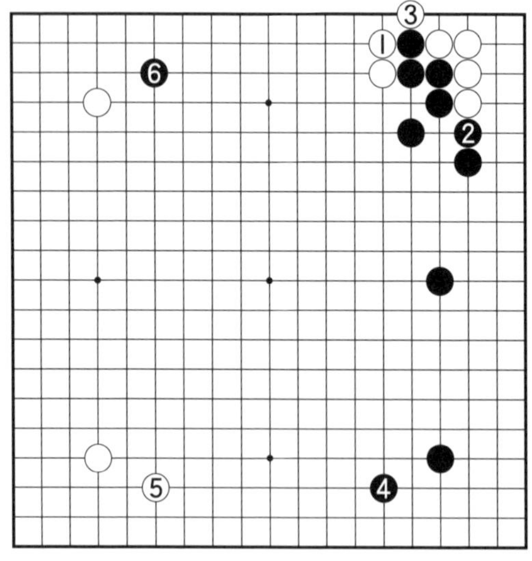

20도(백의 활용책)

앞 그림 흑4 때 먼저 백1의 활용도 일책이며 흑도 2로 막고 백3에 넘겨주는 것이 무난하다. 다음 흑4와 백5로 굳히고 흑6에 걸쳐 서로 큰 자리를 교환해가면 국면은 어울렸다고 본다.

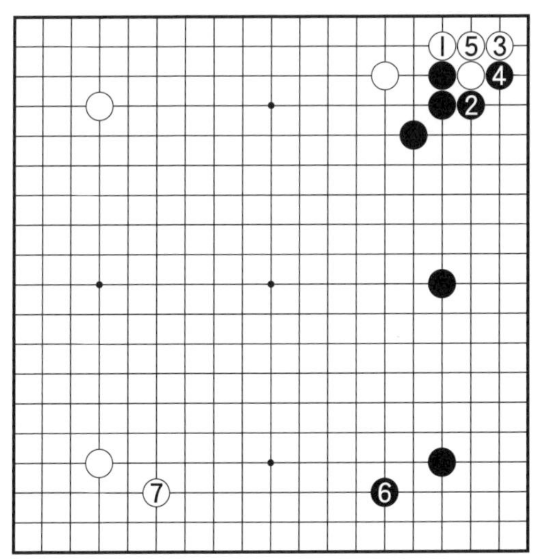

21도(실전적 방안)

거슬러 올라가 18도 흑 3 때 백1로 젖힌 후 5까지 귀의 간명한 처리도 AI의 실전적 방안이다.

다음 흑6과 백7로 굳히면 서로 무난하며 백이 약간 편한 정도라고 본다.

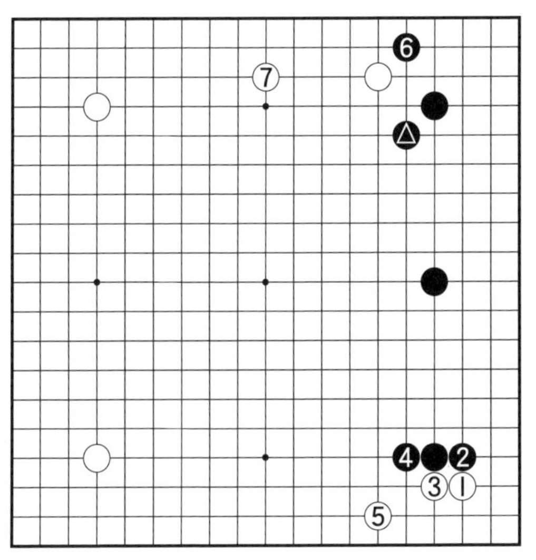

22도(일순위 추천)

처음부터 백1의 침입으로 전환하는 것이 AI의 일순위 추천이다.

이하 5까지 되고나서 흑6으로 귀를 지키고 백7로 벌리면 흑⚠의 효율성이 제한되어 백이 약간 편한 형세로 본다.

진격의 중반전

352쪽 | 목진석 감수 · 이하림 편저

바둑의 드라마틱한 중반전에 프로 일류는 어떻게 판세를 읽어가는가? 프로 고수의 실전보에서 재료를 발췌해 중반의 긴 과정을 따라가면서, 형세판단을 곁들여 나타날 수 있는 다양한 장면들을 보여준다.

이기는 바둑 시리즈

01 기본정석으로 강자가 되어라

272쪽 | 목진석 감수 · 백재욱 지음

귀의 화점과 소목에서 기본적이고 중요한 변화를 익힌다면 정석을 거의 마스터했다고 봐도 좋다. 그러므로 바둑에 강해지려면 화점과 소목의 기본정석을 마스터하라!

02 기본포석으로 승자가 되어라

276쪽 | 목진석 감수 · 백재욱 지음

최근의 포석은 처음부터 공간 전체를 활용하는 발상이 트렌드다. 그 과정에서 치열한 전투가 일어나기도 한다. 그럴수록 기본에 바탕을 둔 포석 감각을 익혀라. 그것이 안전하게 이기는 길이다.

03 기본행마로 감각을 키워라

276쪽 | 목진석 감수 · 이하림 지음

바둑은 효율이다. 효율적인 바둑을 두려면 부분적인 모양에서의 행마의 길과 쓰임새, 전체적인 안목에서의 급소와 행마법을 익혀야 한다. 이런 행마의 감각을 키워 실전에서 적절히 구사해보자.

04 기본전략으로 판을 지배하라

268쪽 | 목진석 감수 · 이하림 지음

정석은 주로 귀의 변화, 포석은 귀를 토대로 한 변의 변화가 핵심이라면, 전략은 중앙까지 염두에 둔 입체적 실전적 개념이다. 그야말로 야전(野戰)이다. 이제 야전의 세계로 들어가 보자.

05 기본사활로 수읽기에 강해져라

272쪽 | 목진석 감수 · 이하림 지음

전체 판을 주도하려면 부분전투에 능해야 하고 그런 능력을 키우려면 수읽기에 강해져야 한다. 사활은 그 첩경이다.

06 기본맥점으로 수보기에 강해져라

272쪽 | 목진석 감수 · 이하림 지음

바둑 한 판의 과정에는 다양한 맥이 숨어있다. 이런 맥을 찾는 학습으로 수를 빨리 보는 힘을 기르면 판의 급소를 읽으며 각종 전투에서 승리할 수 있다.

07 기본변칙수로 위기를 돌파하라

272쪽 | 목진석 감수 · 이하림 지음

바둑은 정석대로만 두어서는 이길 수 없다. 그 과정에는 온갖 변칙적인 수법이 도사리고 있다. 이런 위기를 극복하고 살아남으려면 불의의 변칙수를 응징하고 때로는 상황에 맞는 정의의 변칙수를 구사해 어려운 판세를 돌파해야 한다.

08 기본끝내기로 판을 뒤집어라

272쪽 | 목진석 감수 · 이하림 지음

바둑은 마라톤과 같아서 단번에 승부가 나지 않는다. 종반 역전의 짜릿함을 맛보려면 불리한 국면이라도 무모한 행동을 삼가며 때를 기다리는 인내심이 필요하다. 그런 절대 기회가 생겼을 때 끝내기의 묘미로 판을 뒤집어보자.